AF474836

LA RÉPUBLIQUE

ET

LA LIBERTÉ

OUVRAGES DU MÊME AUTEUR :

Mes droits. Paris, Germer-Baillière, rue de l'École-de-Médecine, n° 17.................... 2 fr. 50 c.

Le Mariage libre. Petite brochure, chez Marpon, galerie de l'Odéon............................. 50 c.

Petite Histoire du Peuple français. Paris, Hachette.. 1 fr

11147 — Imprimerie générale de Ch. Lahure, rue de Fleurus, 9, à Paris

LA RÉPUBLIQUE

ET

LA LIBERTÉ

PAR

PAUL LACOMBE

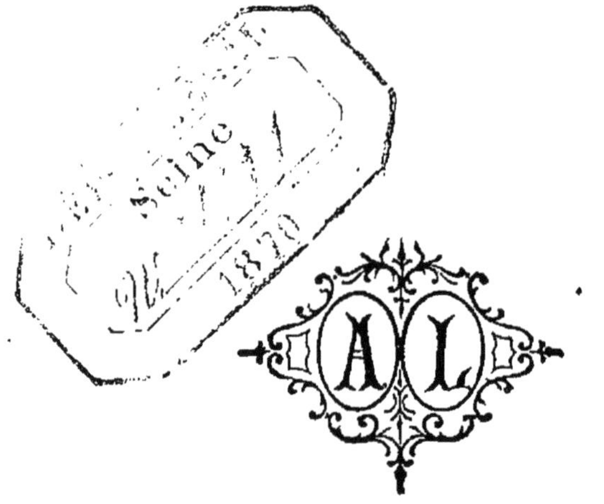

PARIS

ARMAND LE CHEVALIER, ÉDITEUR

61, RUE DE RICHELIEU, 61

1870

LA RÉPUBLIQUE

ET

LA LIBERTÉ

CHAPITRE I.

I

Je n'écris pas pour flatter mon parti. Ce n'est ordinairement que se flatter soi-même dans son parti.

Je fâcherai nombre de gens, je le crains, ou pour mieux dire, j'y compte. Les uns diront : « pourquoi trahir les défauts des siens ? » comme si c'était possible ! Hommes naïfs, je ne trahis rien du tout, je ne révèle rien. Ce n'est pas à ses ennemis qu'on cache jamais ses défauts, c'est à soi.

D'autres me diront : « Vous avez eu tort de prendre le moment où nous sommes dans le malheur et la défaite. » Je leur répondrai que c'est précisément parce que nous sommes les vaincus en ce moment, que je me hâte de parler. Qui n'est point repris ne se corrige pas, ne s'amende pas, et il faut que nous nous amendions ; la victoire est à ce prix. Si nous étions les maîtres, il ne serait pas urgent ni peut-être utile de faire ce que je vais essayer. Quand les gens sont en route et marchent vers un but, s'ils se trompent, il est bon de les redresser, c'est le moment ; mais quand ils sont arrivés, ils n'ont plus que faire des avis.

Voilà à mon sens d'assez bonnes raisons, qui ne convaincront pas les intéressés. Tous les hommes, même les républicains, sont, à cet égard, comme les rois, dont on se moque : Le blâme qui les touche est toujours injuste ou au moins inopportun : « il fallait attendre un autre temps. Vous avez aggravé les choses, etc. » Bref il semble, à les entendre, que le censeur, en parlant, ait créé le mal qu'il signale ; et qu'avant lui ce mal n'existât pas.

II

C'est un propos commun et fréquent parmi nous autres républicains que de dire « La France ne sait pas ce qu'elle veut. » J'ai peur qu'elle sache au moins ce qu'elle ne veut pas; et que pour le moment ce qu'elle ne veut pas soit la république. J'entends qu'on se récrie déjà, et qu'on dit: « la France parle sous l'influence, sous la pression des agents administratifs. » Je vois bien cependant que là où elle est républicaine, elle s'en explique assez clairement, en dépit de la pression. Convenons au moins que là, où elle tait ses sentiments prétendus, quelque chose d'essentiel manque à son républicanisme.

D'autres diront: « voyez les millions de voix, donnés naguère à l'opposition. » Je les vois parfaitement; mais si vous croyez qu'il y a là dedans beaucoup de voix républicaines, même dans celles données aux candidats républicains, votre illusion est grande, à mon avis. Que de gens ont voté, contre le gouvernement, pour des républicains qui devaient être en minorité à la Chambre, et voteraient demain, pour le gouvernement, contre des républicains qui menaceraient d'être un peu trop nombreux.

Pour moi j'ose aller plus loin: le bourgeois et surtout le paysan français, qui forment les trois quarts du pays légal ne veulent pas de la république.

Mais ce n'est pas encore cela, et l'expression trahit ma pensée: ils ne veulent pas de nous autres républicains. Pourquoi? Je vais essayer d'expliquer le fait. « Il faudrait avant prouver qu'il existe. »

Patience! les deux marcheront ensemble. En voyant nettement ce qu'est notre parti, quelles sont ses idées, ses mœurs, nous resterons convaincus, je le crains, que la France ne veut pas de nous, parce que naturellement elle ne doit pas en vouloir.

III

Expliquons-nous bien. Je ne prétends pas que le parti républicain soit infecté, dans toute sa masse et sans exception, des défauts que je vais dire; je connais des républicains qui en sont exempts. Je prie donc, une fois pour toutes, qu'on entende ici par le mot parti républicain, non le tout, mais une portion considérable de ce parti; la plus considérable par le nombre, hélas! je le crois; en tout cas celle qui se montre et qui se voit le plus, celle qui nous représente aux yeux des étrangers et sur laquelle ils nous jugent.

IV

Le défaut capital de notre parti, c'est de professer une erreur énorme, qui n'est autre que l'erreur même, le faux principe de nos ennemis. Au fond, nous sommes *des réactionnaires*, *des aristocrates*.

V

Je ne connais que deux principes sur lesquels la société politique puisse subsister. C'est que les meilleurs décident ou que ce soient les plus nombreux, puisqu'enfin on ne peut pas compter sur l'unanimité.

A priori il semble que le premier principe, que les meilleurs décideront, soit le plus raisonnable : C'est pourtant le principe faux et dangereux. L'expérience des siècles l'a démontré et même plus qu'il n'aurait fallu pour le bonheur de l'humanité. Toutes les aristocraties, tous les despotismes ont vécu de ce principe; depuis le despotisme des spartiates sur leurs îlotes jusqu'à celui du vertueux Robespierre sur les corrompus, aristocrates, Hébertistes, Dantonistes, etc. Que les meilleurs ont le droit de régenter la terre, c'est en particulier le principe de l'Église; elle l'a adopté si constamment, si exclusivement, et appliqué avec tant d'énergie, qu'elle l'a presque fait sien, quoiqu'elle ne l'ait pas inventé. Je dirais donc volontiers du gouvernement des meilleurs : « C'est le principe catholique. »

Que le plus grand nombre décide, c'est le principe moderne, le principe sage et prudent, le seul qui puisse assurer la paix. En effet rien n'est plus aisé que de voir de quel côté est la supériorité du nombre. Savoir qui est le plus nombreux c'est l'affaire d'un instant. Mais quelle épreuve irrécusable nous dira de quel côté est la vertu ou la vérité? Chaque parti les réclame pour soi. « C'est moi qui suis le meilleur, dit le parti catholique. — Non, c'est moi, » répond le parti républicain. Il n'y a pas jusqu'au parti impérial qui ne gouverne au nom des meilleures doctrines, en même temps qu'au nom du plus grand nombre. Admettre que le gouvernement appartient de droit au plus moral ou au plus avisé, c'est justifier d'avance toutes les tentatives, toutes les violences, soit pour garder, soit pour prendre le gouvernement, car tous sont, ou ce qui revient au même, prétendent être le plus moral et le plus avisé.

J'insiste : si le principe si apparent, si spécieux, que la meilleure opinion prévaudra, se trouve au fond si inférieur à l'autre, c'est qu'en réalité il n'y a pas de meilleure opinion (j'entends par là qu'il n'y a pas d'opinion qui soit *infailliblement* la meilleure); il n'y a que des opinions diverses, dont chacune est estimée la meilleure par ceux qui la professent. Donc proclamer que la meilleure opinion prévaudra, cela revient à dire ni plus ni moins : « Chaque opinion prévaudra, » ce qui est une absurdité. Ajoutez tout de suite : « Quand elle sera la plus forte, » cela aura au moins un sens : ce sera proclamer le droit de la force, je me trompe, le droit de la violence.

Le droit du nombre, en effet, n'est aussi que le droit de la force (il ne peut pas être autre chose) mais le droit de la force calme, reconnue sans bataille, par des moyens pacifiques, exacts, convenus d'avance ; tandis que le droit du meilleur est le droit du plus fort qui a sévi, le droit de la force après la bataille. Cette différence n'a l'air de rien sur le papier ; dans la pratique de la vie, il y a toute la différence du monde allant droit son chemin régulier, au monde allant tout de travers.

VI

J'ai avancé que nous étions des aristocrates, des réactionnaires, et je le maintiens. Quel principe avons-nous adopté, en effet ? (Je répète que j'entends par ce mot *nous* la portion la plus bruyante, la plus visible du parti.) Nous avons adopté le principe que le meilleur décidera. On entend de toute part les nôtres dire : « La république est au dessus du suffrage universel » « elle est antérieure et supérieure au consentement du peuple » et autres phrases du même genre. Demandez-leur pourquoi ils mettent la république au-dessus du consentement général? Ils vous répondront sans hésiter : parce qu'elle est la forme la meilleure: et ils n'en peuvent pas donner d'autre raison.

Loin que j'aie caractérisé trop sévèrement notre parti, je me reproche d'avoir employé des mots bien faibles.

Quiconque veut imposer son avis, ne le peut faire que par l'idée inavouée, inconsciente peut-être, mais enfin par l'idée intime de son infaillibilité. La thèse du meilleur est la thèse de l'infaillibilité: Tout parti, qui ne tient pas compte du consentement général, n'est plus un parti, c'est une église, c'est une secte: nous en sommes là.

VII

La république est antérieure et supérieure au suffrage universel. — Voilà une bien belle phrase, et très-imposante. Mais que signifient d'abord ces mots : république antérieure? Cela veut dire, je pense, qu'en logique pure, et dans l'évolution de la pensée humaine, la question de la forme gouvernementale apparaît tout d'abord, avant toute autre idée politique. Voyons donc un peu si cela est vrai.

Quelques milliers d'hommes, séparés jusque-là, se réunissent pour choisir la forme du gouvernement qui les régira. Ils prévoient tout de suite qu'il y aura différends avis. Lequel suivra-t-on? « évidemment le meilleur » telle est à première vue la résolution générale: mais, après réflexion, quelqu'un dit: Fort bien; prenons garde cependant, l'avis le meilleur, ce sera pour chacun son propre avis. Comment sortir de là? Voilà nos gens en discussion. S'ils sont peu prévoyants, ils en resteront à ce principe du meilleur avis; et Dieu sait ce qui arrivera; chacun pensant avoir, en effet, le meilleur avis. S'ils sont sages, ils arriveront à reconnaître qu'il faut suivre l'avis le plus nombreux. En tout cas, et quoi qu'ils décident, il reste un fait: c'est qu'avant de discuter la forme du gouvernement, ils auront eu forcément à vider cette question préalable, antérieure, comme vous dites: quelle sera la source d'autorité, le nombre, ou la qualité?

Ne contestez pas, s'il vous plaît, car vous-mêmes, quand vous me dites: La république est au-dessus du consentement général, comme la meilleure forme; il faut que vous ayez déjà résolu, implicitement, la question préalable de l'origine de l'autorité. Il faut, qu'entre les deux principes en présence, vous ayez adopté celui du meilleur; que vous soyez passé par l'épreuve antécédente, qui classe irrévocablement hommes et partis en deux camps, que dis-je? en deux mondes opposés: celui du passé, et celui de l'avenir.

VIII

« Vous n'avez pas bien compris l'idée exprimée par le mot antérieur. Ce que nous voulons dire, c'est qu'il est des choses auxquelles la volonté générale ne peut pas toucher, des choses qui sont au dessus de la volonté générale. »

A la bonne heure; et j'allais vous le dire, car je ne suis pas de ceux qui se prosternent devant la souveraineté du peuple. Pour moi ce mot signifie seulement: «Il est prudent, pratique qu'entre le plus grand et le plus petit nombre ce soit le plus grand qui décide.» Mais si on me parle de sa majesté le peuple, si on me dit qu'il est mon maître, mon dominateur légitime, je proteste. Il y a de la force, il n'y a ni majesté, ni prestige, ni droit sans limite dans le nombre. Soyons démocrates, non démagogues [1]. Le peuple souverain est, comme tout souverain terrestre, serviteur du droit. Mirabeau l'a dit: Le véritable souverain du monde c'est la justice. Il n'y en a pas d'autre.

1. Certaines gens, en parlant du peuple, semblent ignorer que le peuple est composé d'hommes.

Expliquons-nous et ne laissons pas une ombre sur notre pensée. — Chaque homme a le droit de dire, d'écrire ce qu'il veut, de se réunir, de se concerter avec ses semblables, comme il l'entend. — Il a le droit d'agir à sa guise, sauf que, s'il fait du tort à quelqu'un en agissant, il sera obligé à réparation : mais jamais il ne sera empêché, puni préventivement. Toute la théorie de la liberté consiste presque dans cette formule : Puni après s'il y a lieu, jamais empêché avant, sous aucun prétexte. — Chaque homme a encore le droit de choisir les mandataires qui administreront les intérêts communs, de régler la manière et les conditions du mandat, autrement dit la forme du gouvernement.

Ce que j'appelais la justice tout à l'heure, c'est donc la volonté constante, soit dans un individu, soit dans un peuple, de respecter les droits que j'ai énumérés. Ces droits, voilà les choses sur lesquelles le peuple ne peut rien.

« Hé bien donc ! la République est précisément un de ces droits primitifs, irréfragables, que vous avez reconnus. »

En ce cas, messieurs, être en République, vivre sous la forme républicaine, serait, pour chaque homme, un droit absolu, comme celui de vivre ou de parler librement. Et en regardant les choses de l'autre côté, ce serait, pour chaque homme, un devoir absolu envers son prochain que de subir, d'accepter la forme républicaine? Voilà qui est déjà un peu dur à avaler.

Conséquemment, un homme, fut-il seul de son avis, serait fondé en droit à nous mettre tous en république, même contre notre volonté formelle.

Il serait fondé à nous y maintenir par tous les moyens, même par les moyens violents?

Et, suivant toujours la même idée, quiconque résisterait à l'homme en question serait, non pas seulement un révolté, mais un malfaiteur, coupable de troubler l'exercice du droit d'autrui? Ce serait lui qui serait l'oppresseur, le tyran?

Ces conséquences sont un peu étranges, avouons-le; mais ce n'est pas tout; et il faut encore pousser plus loin.

Évidemment il ne serait pas licite de parler, d'écrire, ni de se réunir en faveur d'une forme autre que la républicaine, car toute proposition est sûrement coupable qui tend à un changement coupable lui-même. Il ne serait donc pas plus permis de rien dire que de rien faire contre la république. Contre les républicains il n'y aurait donc ni liberté ni droit véritables!

Mais ces droits individuels, dont je parlais tout à l'heure, et dont vous conveniez, que deviennent-ils? Qu'en faites-vous? Ils disparaissent devant un droit prétendu supérieur. Ainsi nous sacrifions à la République : 1° le principe du consentement des hommes, 2° les libertés de parler, d'écrire, de se réunir, qui semblaient naturelles et primordiales? Franchement c'est payer la république un peu cher.

Vous me disiez tout à l'heure qu'il fallait placer la république parmi les droits individuels ; c'était donc pour qu'elle les dévorât? Étrange spectacle, fait pour troubler profondément la conscience, qu'un droit incompatible avec tous les autres droits, et qui les anéantit tous?

J'avouerai que votre opinion a un bon côté : Il est agréable, il est commode qu'on ne puisse pas nous discuter sans crime nous autres républicains, comme nous discutons les simples mortels, orléanistes, légitimistes, etc. ; mais enfin il faut en venir au point décisif. Je voudrais savoir, et je vous serais obligé de m'apprendre comment la république est un des droits de l'homme, ou plutôt, le premier des droits; et en cas de conflit, le seul droit, celui auquel tous les autres doivent céder. Cela revient, je ne me le dissimule pas, à vous demander ce que c'est que la république, question embarrassante peut-être, sur laquelle il se pourrait que tous les républicains n'eussent pas réfléchi profondément.

Pour moi j'imagine que la république est un état, où chaque citoyen peut librement parler, écrire, s'associer, voter les formes du gouvernement qui le régira, choisir ses représentants ; un état ou le pouvoir public est soigneusement divisé, en pouvoirs, législatif, exécutif, judiciaire ; où enfin le pouvoir exécutif n'est donné que pour un temps. Ce dernier trait n'est pas le plus important tant s'en faut; mais c'est le seul caractéristique de l'état républicain. Je vois qu'il y a des monarchies constitutionnelles qui ont tout de la république (ou je conçois qu'elles pourraient l'avoir), hors le trait dont je parle ; cependant là où le pouvoir exécutif est héréditaire, il n'y a pas encore de république, il n'y a qu'une monarchie constitutionnelle, qui conduira plus tard à la république. A votre tour dites-moi, et c'est précisément ici le nœud du procès : un État où le pouvoir exécutif est temporaire, mais où il n'y a point pour l'individu les libertés que nous savons, et où la majorité n'a pas été appelée à consentir la forme du gouvernement, un pareil État est-ce encore une république ?

Je ne dis pas, remarquez bien, que cet État ne puisse pas être nommé république. Nous savons tous qu'on peut prendre un lapin et le baptiser carpe ou brochet. Mais il ne s'agit pas du nom des choses, il s'agit de leur réalité.

Oh ! je connais la réponse que me feront ici quelques républicains ; ils me diront : cette tyrannie sera encore la république, si elle est exercée par des républicains. — Mais alors je leur demanderai : Qu'appelez-vous être républicain? A quoi je ne vois plus que cette belle réponse : Être républicain c'est vouloir exercer cette tyrannie comme nous le voulons ; ou encore : Être républicain, c'est être nous.

Tenez, admettons un moment qu'un État, où il n'y a ni liberté, ni exercice du droit de vote sur la forme du gouvernement, un État, auquel il manque les principaux avantages de la monarchie constitutionnelle, soit encore la république : dites-moi, je vous prie, en quoi cette république est, pour ceux qui la veulent, un droit, une propriété, et tellement qu'ils puissent la faire subir à ceux-là même qui ne la veulent pas? Si vous me demandiez pourquoi parler, écrire librement, c'est pour moi un droit, dont je puis imposer, à qui que ce soit, de souffrir l'exercice, je vous répondrai tout de suite, je vous jure. Je vous dirai tout simplement : C'est parce qu'en parlant, en écrivant librement, je n'empêche pas mon prochain d'en faire autant ; au contraire, je l'y invite ; *Je ne romps pas l'égalité, l'équité.* Répondez-moi donc à votre tour ; expliquez-moi donc un peu comment c'est un droit pour vous de m'imposer un pouvoir dit républicain, non consenti pour moi, absolu contre moi? Montrez-moi qu'entre vous, qui avez établi un gouvernement de votre choix, et moi qui n'ai pas été appelé à le consentir, où (ce qui revient au même) à m'incliner devant le consentement général, faites-moi voir, dis-je, que l'équité a été gardée, et que je suis encore votre égal?

Mais nous parlons de droits, depuis un moment, et je m'aperçois que vous ne savez pas bien ce que c'est qu'un droit. C'est *une faculté de faire* également accordée à tous, je ne dis pas par la nature qui ne connaît pas l'égalité, mais par la volonté générale, par la loi, conformément à la raison. La raison veut que la loi donne à tous la liberté de faire toute action qui, de sa nature, peut être faite également par tous, sans qu'on se gêne, sans qu'on s'empêche mutuellement. Exemple : la liberté de parler, d'écrire. La liberté de faire, accordée aux uns, non aux autres, n'est en réalité que le privilége. L'interdiction de faire, étendue à tous, n'est que la servitude. Ainsi l'égalité sans la liberté étant servitude, la liberté sans égalité étant privilége, le droit est, pour ainsi dire, le point ou la liberté et l'égalité se rencontrent; un droit est une liberté *commune*, une liberté marquée en chaque homme du signe de la *communauté*, comme une belle monnaie d'or ou d'argent! Et maintenant que vous savez qu'il n'y a pas de droit là où manque, soit la liberté soit l'égalité, dites-moi ce que serait votre république, que je n'aurai pas été appelé à consentir, tandis que vous auriez été, vous, appelé à me l'imposer; votre république, où vous auriez la liberté de parler, et moi celle de me taire? Dites-moi si cela peut avoir quelque ombre de rapport avec un droit quelconque!

IX

Il y a un argument, je le sais bien, par lequel on prétend se justifier de mettre la république au-dessus de la liberté, et du consentement général. « Tant qu'on n'est pas en république, dit-on, on n'est pas sûr que le pouvoir observera toujours cette loi fondamentale, que le plus grand nombre fait la loi; on n'est pas sûr, non plus, d'avoir demain les libertés qu'on a aujourd'hui. »

Je commence par reconnaître que tout cela est en effet plus sûr, mieux garanti dans un État où le pouvoir exécutif n'est pas héréditaire; et voilà précisément pourquoi la république est, à mon sens, préférable. Mais après cela tout est dit, et il ne faut pas prétendre plus. Ainsi, d'une part, il ne faut pas venir contester, que sous une monarchie, la liberté soit possible, et l'exercice de la souveraineté populaire aussi. On est libre, en Angleterre, en Belgique et ailleurs; et dans ces pays là, si le pouvoir ne fait pas tout ce que veut l'opinion, du moins il ne ferait pas ce que l'opinion défendrait. D'autre part, on n'était pas libre du tout, sous la république française, de l'an 93 à 95: et plus tard encore, jusqu'au 18 brumaire, le pouvoir y résistait ouvertement, brutalement à l'opinion générale (exemple: les élections plusieurs fois cassées par le Directoire et les conseils). Ainsi la forme républicaine, la non-hérédité du pouvoir, ne constitue pas non plus une garantie absolue. La comparaison de l'Angleterre, de la Belgique, etc., avec la république française et bien d'autres républiques (soit du seizième siècle, soit de l'antiquité), l'expérience, en un mot, démontre et sans réplique, que la non-hérédité du pouvoir est, comme puissance de garantie, infiniment au-dessous des libertés; je dirai plus, au-dessous même d'un seule, de la liberté de la presse, par exemple.

Il s'ensuit nécessairement que la question de la république est moins importante que la question de la liberté de la presse, pour tout homme incapable de préférer l'ombre à la proie.

La non-hérédité du pouvoir exécutif n'a sa valeur, comme garantie, que là où les autres garanties existent déjà; elle est bonne pour affermir, couronner les autres : mise par-dessus, elle forme un édifice indestructible comme est la république américaine; mais là où les autres garanties n'existent pas, elle n'est rien, comme le prouve la république française de 93.

A quoi sert la clef de voûte, sans la voûte? c'est justement là l'affaire.

Les autres garanties, les libertés de la presse, de réunion, etc., même sans la non-hérédité, sans la clef de voûte, forment un édifice incomplet, illogique, sans doute, mais encore solide et commode ; on peut y vivre avec dignité, avec prospérité, en attendant que la logique pose la dernière pierre. L'expérience est faite aujourd'hui, et bien faite; on ne peut nier cela sans nier l'évidence.

Mais le comble de l'absurdité, assurément, c'est de dire : « On peut supprimer le consentement général, on peut supprimer les libertés, quand il s'agit d'établir la non-hérédité du pouvoir exécutif, parce que la non-hérédité est seule capable de garantir les libertés; » ce qui revient à ceci : « On peut supprimer les libertés, afin de les garantir. » — « Elles ne sont sûres qu'avec cela! » Parbleu, oui, elles sont sûrement supprimées; et il n'y a plus de craintes à concevoir pour elles, puisqu'elles sont mortes. Gribouille se jetant à l'eau, n'était plus en doute s'il se mouillerait, il était sûr d'être mouillé. Ah! les bonnes gens, ils seraient capables de démolir la voûte et d'en disperser les pierres, afin d'en poser la clef.

X

Je conviendrai, tant qu'il vous plaira, que la monarchie, fût-ce la plus constitutionnelle, n'est pas entièrement conforme, ni à la logique, ni à la justice. En effet, elle vit sur le principe, avoué ou implicite, que la volonté générale règle tout (seul principe qui, d'ailleurs, soit juste) et voilà que dans cette monarchie, on place le pouvoir exécutif à part et au-dessus de la volonté générale. C'est évidemment manquer à la logique; et c'est toucher au droit qu'a tout homme, en société, de consentir le pouvoir exécutif, ainsi que les autres pouvoirs : Cela est clair. Mais convenez, à votre tour, qu'une république qui n'est pas consentie par la volonté générale, une république où, pour se défendre contre la volonté générale, les républicains sont forcément conduits à supprimer les libertés du plus grand nombre, est encore moins conforme à la raison et à la justice.

Il n'y a de conforme à l'une et à l'autre que la république libérale, consentie par le plus grand nombre.

Voulez-vous que je vous dise où est juste le point d'erreur dans votre thèse; c'est que vous affirmez de la république imposée, ce qui n'est vrai que de la république consentie. Vous dites : « La république est de droit, parce qu'elle seule garantit toutes les libertés, je l'impose donc, avec justice. » Vous ne voyez pas, qu'en l'imposant, vous en retirez toutes les libertés, et avec elles tout ce qui pouvait vous donner droit de l'imposer.

XI

Dans cette erreur, que la république est au-dessus du suffrage universel, il y a le sentiment d'une grande vérité.

Il est en effet des choses, comme je l'ai déjà dit, sur lesquelles la volonté d'un peuple, de tous les peuples, n'a aucun droit, parce que ces choses là sont le droit même ; elles s'appellent d'un seul nom : la liberté. Que les partisans de l'erreur en question qui l'ont adoptée, par un sentiment de dignité mal compris, par un amour profond, mais dérouté du droit, reconnaissent tout à la fois en quoi ils ont raison, et en quoi tort. Qu'ils mettent la liberté, c'est-à-dire la substance, à la place de la république, simple enveloppe, et qu'ils disent : la liberté est antérieure et supérieure au suffrage universel, alors ils seront invincibles.

Il y a longtemps que les Romains l'ont dit : la

justice est le constant respect de l'individu, pour ce qui appartient à chacun. La liberté n'est qu'un aspect particulier de la justice; c'est le respect de ce qui appartient à chacun, vu dans l'être nation, ou dans le pouvoir qui la représente. Au fond, justice et liberté sont une même chose dans des termes et pour des rapports différents. Mais la république, qu'est-ce? La forme la plus achevée de la liberté; le vase le plus propre à conserver la liberté. La république n'est que le vase, c'est la liberté qui est le parfum.

CHAPITRE II.

Malheureusement l'erreur ne vient pas chez tous d'une source si honorable. J'ai dit que nous étions des aristocrates ; non-seulement nous professons le principe qui fut en tous temps celui de l'aristocratie, sous toutes ses formes, nous avons l'esprit éternel de l'aristocratie; mais nous en avons trop souvent l'âme et les vices, je dirais volontiers, le vice : l'orgueil.

Gracchus, au fond, n'est pas fâché d'être de la minorité: n'est-ce pas être de l'élite ? Il ne lui déplaît pas tant que la France ne soit pas avec lui ; ce qui lui permet de dire : « Que nous font ces bourgeois, ces paysans ? qu'importe la province ! » D'un mot, il se tire ainsi de la foule humaine, se place à part et au-dessus. N'est-ce pas un plaisir profond de se diminuer à soi-même, par un propos dédaigneux, le nombre humiliant des égaux; de se retrancher des millions de pairs, de rétrécir indéfiniment autour de soi le cercle fastidieux de l'égalité? Gracchus suit la pente de la nature humaine : chacun désire trouver des raisons pour rompre successivement le compagnonnage avec ses semblables, et finalement rester, au moins en esprit, tout seul au-dessus de l'espèce. Les partis politiques, comme les sectes religieuses, nous servent merveilleusement à contenter cet appétit de distinction. Quand on n'a en soi rien d'extraordinaire, comme Gracchus, on n'ose pas trop se mettre à part tout seul; on ose facilement mettre à part quelques-uns et soi.

Numa est du même avis; il trouve que le parti républicain est bien plus avantageux que tout autre : on n'y rencontre pas encore la presse. Veux-je dire qu'il soit entré dans ce parti par orgueil? non; la justesse d'esprit y a été pour quelque chose, mais enfin c'est un fait qu'il y trouve pour son orgueil de secrètes caresses. Il s'y plaît et il y demeure : du reste intraitable sur les droits antérieurs et supérieurs de la république. Nul ne professe un mépris plus solide pour tous les dissidents. Endoctriner le bourgeois, le paysan, le réactionnaire, le légitimiste, l'orléaniste, essayer de les convaincre, de les ramener, une telle bassesse lui soulève le cœur! Savez-vous que c'est déjà trahir? vous verrez qu'il faudra attendre pour établir la république la permission de ces espèces! — Et de fait, celui qui songe à ramener tout le monde au giron de la république trahit la vertu de Numa; car le jour où tout le monde sera de la maison, lui n'en sera plus; il n'y aura plus de plaisir. Il sera obligé pour fuir la cohue de se réfugier dans quelque religion du passé, ou dans quelque idée impraticable qui sera devenue l'*avenir.*

« On croirait, direz-vous, que Numa fait tout ce ce qu'il peut pour que personne ne veuille de la république. » Assurément il fait ce que vous dites, et dans le dessein que vous pensez, dessein secret, obscur, inavoué, mais fort comme un instinct.

Des opinions du parti, Hirsutus n'estime que la théorie de la dictature. Faire le bonheur des hommes et malgré eux lui paraît une idée grande. Hirsutus nourrit un amour de ses semblables immense, égal seulement à son mépris pour idem. Changez un peu son tempérament, modifiez un peu la tournure de son esprit, qu'il soit un peu moins porté à l'espérance et un peu plus à la prudence, le voilà, d'utopiste, devenu conservateur, partisan de la dictature toujours, mais de celle de César.

Lenis est républicain, depuis qu'il a entendu dire : Ces généreuses croyances. Vanter la république c'est pour lui une manière indirecte de dire : Vraiment la générosité fait le fond de mon caractère.

Modestin veut avoir la hardiesse et la grande ouverture de l'esprit. Il est avancé ? Posez-lui la question la plus saugrenue ; demandez-lui, par exemple, s'il est pour la communauté des femmes, mais ayez bien soin de lui demander cela d'un air grave, et d'un accent convaincu, en sorte qu'il puisse croire que vous tenez pour la chose, il n'hésitera qu'un instant avant de vous répondre, oui ; car il est avancé ! Et si vous étiez pour la communauté des femmes, et qu'il n'en fût pas, il ne serait plus avancé, par rapport à vous. Grand Dieu ! que serait-ce, si vous alliez lui dire : Mais vous n'êtes donc pas avancé ?

En 1793, il y avait une erreur fort à la mode ; elle consistait à regarder le respect de la légalité comme la marque d'un petit esprit, impropre aux affaires. Les gens forts se reconnaissaient à ce signe que tout moyen, même le plus cruel, leur était bon.

Naturellement tout le monde voulait être au nombre de ces esprits supérieurs, mais surtout les imbéciles. Il n'y avait que les gens très-forts, dominés par leur bon sens, qui ne pouvaient pas se résoudre à passer pour forts à ce prix. Cette erreur n'est pas tout à fait morte parmi nous. Quintus Pecus, en professant la dictature, s'imagine promener dans le monde la preuve irrécusable de sa grande supériorité d'esprit.

Pompilius et sa femme Pompilia ont le sang si généreux, si bouillant, si fier, qu'ils ne comprennent pas qu'on s'abaisse à discuter, à écrire contre le pouvoir; à disputer le terrain par les moyens légaux. Il n'y a qu'une chose à faire, saisir son fusil, se battre dès demain, de bon matin, ou si la journée n'est pas trop avancée, ce soir même. Pour eux ils sont prêts à saisir leur fusil. Ah! s'il y avait seulement, dans Paris, trois mille braves comme eux, ou mille, ou deux cents ! — Vous voyez quelle situation cela fait à des hommes de ne pas trouver deux cents pareils, dans tout Paris, qui est le cœur de la France ! Ce sont ces héros, qu'il faut entendre, quand il disent : vous êtes donc modéré, vous?

Modéré, oui, madame, tant que je peux ; mais non, hélas ! tant que je veux. Quelquefois je fais comme vous, je fais tort à ma cause, dont j'enrage.

Camille, est-ce une femme, est-ce un homme? Son nom est des deux sexes, et aussi son système nerveux. Camille a cent fois raison en tout ce qu'il dit. Cela n'est pas douteux, et d'ailleurs personne n'en doute, pas même ses contradicteurs, qui ne contredisent que par mauvaise foi, ou par intérêt; ce sont des fripons, des canailles, et qui le savent bien. Hasardez un peu, pour voir, d'insinuer à Camille que ces contradicteurs, sans être, précisément d'honnêtes gens, ont eu peut-être l'esprit faussé par l'éducation, les préjugés environnants; que, peut-être, il y a dans leur fait plus d'aberration intellectuelle que d'autre chose, en un mot, qu'ils pourraient bien être, tout simplement, des imbéciles! oui, hasardez cela, et rapportez-moi le brevet de traître, ou tout au moins de niais que Camille vous aura délivré infailliblement.

Pensez si Camille trouve bon qu'on cherche à convaincre l'adversaire! il s'agit bien de cela; il s'agit de blesser, d'humilier; il s'agit d'infliger enfin au contradicteur un supplice équivalent à celui que la contradiction fait souffrir à Camille, chaque jour de la vie.

Tout le monde est un peu Camille, il faut l'avouer. Si nous n'y prenons garde, nous sommes plus satisfaits d'une chose qui humilie l'adversaire, que d'une qui avance notre cause. L'étoffe de notre conviction est faite pour une grande part de la conviction de notre supériorité. Qui la conteste par des opinions différentes doit expier. L'injure, le trait malin, l'expression dédaigneuse, qui nous venge et qui le punit, est pour notre cœur un véritable baume, préférable à tout.

Il y a deux manières de professer toute sorte d'opinions politiques, même la républicaine ; l'une de servir son opinion, l'autre de s'en servir[1]. La se-

1. Il est des choses qu'il faudrait bien dire. En écartant ceux qui entrent dans un parti en vue d'un avantage matériel, dont je ne m'occupe pas en ce moment, la plupart des autres membres obéissent à un intérêt d'un autre ordre, mais qui est un intérêt encore, la satisfaction du trait dominant dans leur caractère. Peu, fort peu d'hommes se déterminent par des vues purement intellectuelles. Seulement la même passion pourra conduire plusieurs hommes, l'un parmi les légitimistes, l'autre parmi les républicains, un autre enfin dans le camp orléaniste, suivant la couleur pour ainsi dire dont la nature intellectuelle de chacun teindra cette passion. Ainsi l'orgueil selon qu'il portera principalement sur la naissance, la famille ou sur les qualités personnelles, fera ou un légitimiste ou un démocrate. Suivant qu'on mettra en première ligne dans son estime, la sagesse de l'esprit ou l'audace du caractère, on affectera hautement la modération et on sera nécessairement orléaniste, ou on affectera l'énergie, et on sera un républicain farouche.

Il arrive encore qu'on se soit d'abord déterminé par des considérations intellectuelles et des vues générales, quant au parti, mais qu'ensuite, celui de la nuance ait été décidé par ce genre d'intérêt dont je parlais ; ainsi tel républicain, que la réflexion a ait républicain ne professe en revanche la république antérieure

conde manière est de beaucoup la plus commune. Tout ce qui, comme le mépris, l'offense, l'insulte tend à nous relever et à mettre l'adversaire à nos pieds, est inspiré par l'égoïsme, et en porte le cachet. Serai-je déclaré misanthrope si je dis que tous nos romains depuis A jusqu'à T ne goûtent guère dans la politique que ce qui gratte leur orgueil? Non, sachez-moi gré de vous laisser cinq lettres de l'alphabet, que je pourrais vous contester.

En France, généralement, on estime le courage physique par-dessus tout. Chacun veut paraître courageux avant tout et le veut avec cette ardeur de vanité propre à notre race; mais, d'autre part, un républicain doit par métier détester la guerre, suspecter les soldats, dédaigner la gloire militaire. Comment donc faire pour concilier la haine de la

et supérieure, la dictature et le reste, que parce qu'il fait un cas extrême de l'énergie, et en conséquence adore d'en faire ostentation.

Mais nous en sommes encore là que nous ne voyons pas ces vérités évidentes, nous fermons les yeux, il est vrai, pour ne pas les voir. Il est convenu que dans les partis opposés tout homme est asservi à la peur, à l'intérêt, tandis que chez nous on n'obéit qu'à sa raison, ou à son cœur. Enfin tout est mauvais chez les autres, et tout est bon chez nous. Il faut une certaine liberté d'esprit pour oser dire cette vérité surprenante : Le parti républicain est formé par des hommes, et comme il arrive partout où il y a des hommes, la plupart dans ce parti obéissent aux passions intéressées, un très-petit nombre seulement se déterminent par raison.

guerre avec la vanité qui veut qu'on fasse le brave? Les orateurs de notre club des Cordeliers ont trouvé un moyen. En abolissant la guerre sur la frontière, ils ont conservé jusqu'à nouvel ordre la guerre des rues, comme nécessaire. Il reste convenu qu'un jour ou l'autre il faudra s'insurger. La politique, la seule vraie, la seule avouable, consiste même à préparer l'insurrection. Grâce à cette trouvaille merveilleuse, il est encore possible à un républicain français de parler bataille. C'est le chauvinisme adapté aux idées nouvelles, le chauvinisme des barricades. Parlez aux gens de cette école de prendre quelque résolution, quelque disposition avantageuse pour leurs idées, mais pacifique, ils hausseront les épaules; un sourire vainqueur égayera ces martiales figures : Vous avez donc peur, diront-ils. « Je suis brave, tu es brave, nous sommes braves, êtes-vous braves? » Voilà, au vrai le fin fond de leur doctrine politique. Ces héros, pour la plupart, n'ont jamais vu le feu, bien entendu. Je ne dis pas qu'ils ne le soutiendraient pas; d'avance on n'en peut rien dire. C'est pour cela précisément qu'il ne faudrait pas déclamer : « Je descendrai dans la rue, » comme si c'était la chose du monde la plus simple de risquer sa vie. Non, messieurs, citoyens, veux-je dire, non, cela n'est pas si facile que vous le croyez, hors de l'opéra ou du cirque. Ce sont les spectacles qui vous trompent. Demandez aux militaires, aux vrais, car dans l'armée comme ailleurs il y a peu de vrais braves. Ces derniers, je vais vous dire à quels signes vous les reconnaîtrez. Ils ne parlent pas bataille sans en être priés; et quand ils en parlent c'est toujours d'un air fort sérieux. Ils n'affectent pas de mépriser le danger, de tenir la vie comme rien; ils ne raillent pas l'ennemi; et de leur propre conduite, ne parlent guère, même priés. Demandez-leur s'ils ont eu peur, ils l'avoueront; s'ils sont sûrs de n'avoir plus peur, ils vous diront qu'ils l'espèrent : discrets, modestes, réservés, ils vous apprendront que la bataille est une rude épreuve, trop forte pour la nature ordinaire; que la plupart des hommes s'en tirent assez mal et quelques-uns seulement, suffisamment ou tout à fait bien; et que ces derniers sont des héros toujours fort rares. Ils vous feront comprendre qu'on ne doit pas dire d'avance : « Je serai brave » et qu'à cette question ridicule : « Serez-vous un héros? » l'homme raisonnable n'a qu'une manière de répondre : « Je n'en sais rien. » Ils vous enseigneront à être plus modestes pour votre compte, moins durs pour les autres. Ils vous étonneront surtout par leur indulgence en vous apprenant qu'il n'est pas plus obligatoire d'avoir du courage que d'avoir du talent, parce que la nature n'a pas plus prodigué l'un que l'autre.

Puisque telle est la vérité sur la nature humaine, j'oserai dire à ces républicains si troupiers, si grognards : « Méfiez-vous, ne vous avancez pas tant. Il est probable que peu d'entre vous sont véritablement braves, peu capables de faire cette très-difficile et très-pénible chose, le sacrifice de la vie. » Et en cela je n'ai pas du tout dessein de les humilier, puisque je suis d'avis qu'on n'est pas obligé d'être un héros, mais il faut enfin réduire les choses à leur vrai point et, pour lâcher le mot, crever ces blagues impatientantes.

De l'histoire des insurrections, des révolutions il ressort la même philosophie : Elles ont toujours été l'œuvre d'un petit nombre de gens. Peu d'hommes s'y sont montrés réellement actifs, relativement au nombre de ceux qui d'avance avaient crié : « Nous marcherons » et peut-être même trouverait-on que ceux qui l'avaient crié le plus haut ne sont pas ceux qui après se sont avancé le plus loin.

Ces chauvins nous ont récemment joué un fort vilain tour, celui de ridiculiser notre parti et le nom de la république dans les réunions qu'ils infestaient. Je trouve que les candidats ont été un peu patients à leur égard.

Si j'avais été candidat lors des dernières réunions publiques et qu'on m'eût posé, comme on l'a fait, cette question : « Descendrez-vous dans la rue quand nous vous l'ordonnerons? » j'aurais, ce me semble, répondu ceci : « Je n'en sais rien, n'ayant jamais été à pareille fête. » J'aurais été hué, c'est possible; en ce cas, j'aurais répondu : « Et vous, êtes vous certains que vous me suivrez? » On m'aurait crié unanimement, je le sais : « N'en doutez pas; vous nous offensez d'un douter. » Mais tout n'aurait pas été fini par là : j'aurais repris si toutefois on m'avait laissé continuer : « Le passé répond de l'avenir. Voyons donc un peu, citoyens, par ce que vous avez déjà fait, ce que moi, que vous mettez en avant, peux attendre de vous pour l'avenir, car enfin il y a ici un engagement réciproque, et si je vous précède il faut aussi que vous me suiviez. Que chacun donc monte à son tour à la tribune et qu'il réponde à deux ou trois questions fort simples. Les voici : Aviez-vous vingt-ans en décembre 1851 ? oui, bon; étiez-vous en France? oui, très-bien. A présent, dites-moi, qu'avez-vous fait pour empêcher le succès du coup d'État? où vous êtes-vous battu ? J'imagine, si l'épreuve avait pu être poussée jusque là, que nous aurions vu quelques braves gens assez embarrassés. Il ne m'a pas été donné de provoquer ce petit examen de conscience; mais que chacun de ceux qui se sentent tant d'énergie à présent pour descendre dans la rue, descende seulement en lui-même et se pose la question : Qu'ai-je fait au 2 décembre? et s'il est trop jeune, s'il n'a pas eu lieu de s'éprouver à cette époque, qu'il réfléchisse seulement à cette vérité : que la nature humaine ne change pas beaucoup d'une génération à l'autre ; et qu'enfin, si au 2 décembre il y avait eu réellement en plein air autant de gens décidés que nous en voyons aujourd'hui dans des salles closes, certainement le 2 décembre aurait mal réussi.

Je trouve étrange qu'aucun des candidats à qui la foule demandait tant et de si positives promesses d'énergie n'ayent pas dit en retour à la foule : et vous?

Savez-vous, messieurs, ou citoyens, qu'il y a de par le monde des hommes qui s'appellent : Marc Dufraisse, Quinet, Schœlcher, etc., devant qui vous et moi, et nous tous, pourrions être fort confus. Ces hommes, il y a longtemps, bien longtemps de cela, furent un jour choisis par le peuple pour faire des lois et pour les défendre. Les lois furent violées ; ces hommes ceignirent leur écharpe, descendirent dans la rue, et appelèrent le peuple, s'offrant à marcher devant lui ; et ils marchèrent en effet. Le peuple qu'ils avaient appelé ne vint pas ou ne vint guère ; c'est un fait constant. Les représentants du peuple furent tués, blessés, emprisonnés, déportés, exilés. Mandataires fidèles, ils ont souffert pour le mandat reçu ; mais le mandant lui, le peuple, oserait-il bien dire qu'il ait été fidèle au mandat donné? On a assez suspecté les individualités éminentes, les chefs ; il est temps enfin que les soldats, que la foule entende à son tour l'expression des méfiances méritées.

Voilà un point de vue que personne n'a tenté de montrer dans les réunions publiques. Si on l'eût fait, on aurait peut-être ramené à un ton plus modeste, et le citoyen X..., et le citoyen Z..., et le citoyen Y..., et les autres citoyens composant cette foule, si contente d'elle-même, si sévère pour les candidats, d'autant plus leste à promettre son héroïsme que son obscurité lui permettra plus aisément de ne pas tenir, si jamais il y a lieu. Personne ne connaissait-il dans ces réunions l'existence de Marc-Dufraisse, pour n'en citer qu'un? Personne ne savait-il ce que Marc-Dufraisse a écrit dans un jour de dureté légitime : « Vous m'aviez donné une mission, je l'ai accomplie pour ma part, au risque de la vie ; mais vous sans qui je ne pouvais rien, vous ne m'avez pas soutenu ; vous m'avez lancé contre les baïonettes et vous ne m'avez pas suivi. Bien plus, en donnant à l'empire huit millions de suffrages vous m'avez désavoué! Vous avez déclaré que j'avais eu tort de défendre la loi. Je n'ai plus confiance. Vous n'existez plus pour moi. » Et c'est pour cela qu'il nous conviendrait d'être réservés. Si nous sommes tous des braves, tant mieux, et raison de plus pour fuir la déclamation. Elle finirait par faire tort à notre mérite. C'est en effet une opinion très-répandue que celle-ci : jamais criards ne firent beaucoup de besogne.

Brutus va répétant : « Voyez l'Amérique. Imitez l'Amérique, » et cependant, qu'a-t-il de commun avec l'Amérique ? Là, tous les partis ont liberté entière de propager leurs opinions, de recruter des adhérents. Ils luttent ardemment à qui enrôlera le peuple sous sa bannière. Le peuple se prononce librement, et quand le peuple a prononcé, tout le monde se soumet patiemment. Un parti peut se plaindre, accuser le souverain d'erreur ou de passion ; mais jamais il ne lui vient à l'idée de s'en faire à lui-même un titre pour déposséder la nation du gouvernement, la régir pas la force.

En Amérique on peut entendre, il est vrai, des citoyens récriminer, comme Brutus, comme Caton font ici, contre le résultat des élections, dénigrer, insulter même la Chambre (quoique ce dernier trait soit assez rare). On n'y trouve pas un seul homme qui songe, comme Caton, à expulser une

Chambre librement élue, par un 15 mai. Caton veut d'abord la république, que le peuple y consente ou non. Encore lui faut-il une certaine espèce de république, celle précisement que Caton a imaginée. Que les députés envoyés par le peuple se permettent de travailler sur un patron différent, ce seront des réactionnaires, des aristocrates déguisés, dignes qu'on les chasse avec mépris; et si on laisse faire Caton, il chassera les députés du peuple une fois, deux fois, autant de fois qu'il faudra pour que les députés soient bons. Qu'est-ce donc que de bons députés? Ce sont des députés qui font précisément les choses que Caton exige. Hors des idées de Caton, il n'y a ni république ni probité, ni droit. Pourquoi Caton ne se nomme-t-il pas lui-même dictateur? ce serait plutôt fait. Pourquoi ne dit-il pas : « La République, le droit, c'est ce que je veux, » puisque au fond c'est à cela que se réduit sa conviction politique?

Caton ne se voit pas bien tel qu'il est. Brutus est plus conscient de lui-même, il demande nettement un dictateur. Comme il va sans dire que c'est un dictateur de son opinion, c'est comme s'il disait: La France ne doit avoir d'autre volonté que la mienne, qui est la seule bonne. — Mais pourquoi donc Brutus et Caton invoquent-ils toujours l'Amérique? Encore une fois ils n'ont rien de commun avec elle, si ce n'est un mot de quatre syllabes.

Notre Brutus, notre Caton s'imaginent que le destin leur a fait tort de ne pas les avoir fait naître en Amérique, ou de n'avoir pas mis la France en république le jour où on les a mis au berceau. Dussé-je leur paraître dur, je leur dirai, qu'ils auraient pu, sans injustice, être nés à Rome sous Caracalla, ou à Paris sous Louis XIV. L'empire actuel n'est pas trop mauvais pour eux. Ah! tu as la fureur d'imposer ta volonté comme la seule excellente. Ah! tu rêves pour ton pays un maître qui sera toi ou qui sera tien, endure donc un maître. De quoi te plains-tu? De n'être pas libre? non, car tu n'aimes pas la liberté, tu n'en veux pas: tu ne te plains que de n'être pas tyran et ne mérites que d'être esclave.

Vous dites, le vice caractéristique du parti impérialiste, c'est la peur. Sauf l'expression un peu dure, cela est vrai; on est impérialiste le plus souvent, parce qu'on croit soi et ses biens mieux à l'abri sous le gouvernement impérial que sous tout autre; ou ce qui revient au même, parce qu'on craint le changement. S'il me fallait caractériser d'un mot notre parti, je sais bien celui que je choisirais. Nous sommes atteints de la manie de l'affectation sous les formes les plus variées, affectation de bravoure, de hardiesse d'esprit, de supériorité, de dévouement, de dédain, etc. Si le parti impérialiste est le parti de la peur, nous sommes le parti de la *pose*.

On me dira que je ne crains pas de fournir des armes à nos adversaires. Une épithète n'est pas une arme, surtout si l'épithète n'est pas vraie; si elle l'est, comme je le crois, notre parti n'en mourra pas encore. Qu'on nous appelle poseurs, que nous en souffrions assez pour nous en corriger, c'est précisément ce que je demande. Ce sont nos adversaires alors qui véritablement nous auraient prêté des armes; car s'ils nous corrigent, nous sommes vainqueurs, n'en doutez pas.

CHAPITRE III.

I

La France a-t-elle tort, a-t-elle le goût dépravé, parce qu'elle n'aime pas la république antérieure et supérieure? J'avoue humblement que je suis comme la France. Le dernier des paysans ne répugne pas tant que moi à la dictature républicaine.

La France, dira-t-on, n'a pas montré la même haine pour toute tyrannie, elle n'a pas le droit de se montrer dégoûtée. L'argument ne me paraît pas bien bon. Que la France ait aimé l'empire, c'est fâcheux ; mais qu'elle n'aime pas la république antérieure et supérieure, c'est déjà quelque chose. D'ailleurs, elle est en train de revenir de l'empire, ce semble. Parce qu'elle avait pris un mauvais chemin dont elle sort, ne lui enjoignons pas au nom de la logique de se fourvoyer dans un autre qui ne serait pas meilleur.

Nous devrions nous mettre dans la tête que la dictature présentée par des républicains est plus odieuse que toute autre : Il est souverainement irritant de voir qu'on veut nous donner pour liberté ce qui n'est que tyrannie, et qu'on prétende avoir toutes les commodités de l'absolutisme avec le prestige de la liberté.

Elle est aussi plus ridicule : Qu'un prince absolu déclare que l'absolutisme c'est l'ordre, c'est la conservation, on peut être sa dupe à la rigueur : mais comment croire des gens qui vous disent : Prenez notre dictature, c'est la liberté.

Enfin elle est plus menaçante : Avec un prince, on sait, ou on croit savoir (ce qui revient au même) quels seront les effets de l'autorité. On pense qu'elle servira à conserver ce qui est; on s'attend à être forcé de garder ce qu'on a; les inconvénients sont ou paraissent clairs. Avec un parti républicain, on ignore d'abord quel homme, ou quels hommes exerceront le pouvoir, première inconnue; et si ce parti est animé de l'esprit novateur comme le parti républicain actuel, on prévoit que l'autorité servira à imposer des choses nouvelles, qu'on ne sait pas, et dont il est impossible même de mesurer l'étendue ; ceci est vraiment une inconnue formidable.

Quand l'empire s'imposa, loin d'avouer qu'il violentait le pays, il prétendit ne violenter qu'une petite minorité, précisément pour l'empêcher d'entreprendre sur la volonté du pays. Il est de fait que le pays se croyait exposé à ce danger. Le dictateur se montrait donc plein de respect apparent pour le gros de la nation. Comment donc ? Il ne se servait de la force qu'en vue de rendre la nation plus maîtresse d'elle-même. Nous prenons, nous autres, une attitude bien différente. Nous voulons la dictature, disons-nous à toute occasion, justement parce que la France n'entrerait pas volontairement dans nos plans ; nous la voulons pour pouvoir faire des choses que sans cela la France nous empêcherait de faire. C'est avouer que nous ambitionnons la force, précisément pour forcer.

Nous ajoutons de plus « la France rechignera bien un peu au début, mais cela lui passera, » parlant ainsi de notre pays, comme trop de maris parlent de leurs femmes. Puis d'autres viennent, commentant, développant : « Les paysans, qu'est-ce que les paysans? Des poltrons, des ladres, etc. Et les bourgeois? Moins bêtes, mais plus égoïstes encore. Leurs frayeurs, leurs répugnances, leurs craintes, tout cela est absurde et ne vaut pas qu'on s'y arrête ! Que Paris marche, bon gré, mal gré, il faudra bien que la province suive. »

Quel parti politique eut jamais un langage plus impolitique ?

Vous m'objecterez que ce langage est celui d'un petit nombre, et qu'en général les républicains sont plus réservés. Soit, oublions tout ce qui a été dit par nos cerveaux brûlés ; mais l'idée de la dictature, la théorie de la république antérieure, et supérieure, est-elle professée seulement par un petit nombre ? Hélas ! non. Eh bien, aucune expression, aucun terme, si vif que vous l'imaginiez, ne marquera jamais le dédain du public aussi clairement, aussi sensiblement que le projet de la dictature. Quand vous dites à quelqu'un que vous lui imposerez votre volonté, je vous demande, s'il est nécessaire que vous lui disiez cela d'un air hautain, pour l'outrager : l'outrage est déjà fait, et parfait.

Surtout quand vous dites que vous lui imposerez votre volonté pour son bien. Qu'un homme prétende m'asservir pour son intérêt, pour son utilité, je le trouve odieux, mais s'il prétend m'asservir pour mon propre intérêt, je le trouve plus odieux encore. Dans le premier cas ce n'est qu'un ambitieux, un conquérant, un César ; dans l'autre, c'est une espèce d'esprit supérieur, un hiérophante, un pontife, un maître divin. Le premier tyran me montre plus d'égoïsme, le second plus de mépris : or le mépris, est le mal le plus cuisant à la nature humaine, et c'est pour cela que la tyrannie du prêtre a toujours été de beaucoup la plus exécrée.

La dictature dont vous menacez la France est une manière de tyrannie sacerdotale, la plus insultante, je le répète, de toutes les tyrannies!

II

Nous inspirons des craintes au pays, avec notre république antérieure et supérieure, mais nous l'effrayons encore par d'autres raisons.

D'abord, vous ne manquez pas une occasion d'annoncer (on dirait que vous y prenez plaisir): qu'il y a une révolution violente en avant de la république, et sur le chemin qui y conduit; une révolution par laquelle il faut passer par force; un jour de bataille ou plusieurs; à Paris, et aussi en province probablement. Vous agitez ces prévisions d'un air tranquille, souriant même, comme il sied à des héros. C'est fort bien! on n'est pas plus brave; mais enfin, le commun, le vulgaire des hommes qui n'est pas né héroïque (chose honteuse, mais qu'y faire?) ne reçoit pas l'espoir d'une pareille bagarre avec autant de sérénité. Sans parler des périls que chacun peut y courir (je n'appuierai pas sur une préoccupation si basse par égard pour des vaillants comme vous) l'idée d'une vaste effusion de sang n'a rien de bien tentant pour l'humanité. Et puis, on sait bien que la bataille finie, tout n'est pas fini; il y a des suites : le marasme des affaires, l'arrêt des machines et des métiers, le chômage, la gêne, les faillites, la ruine d'une multitude d'intérêts.... Ah ! pardon; j'ai laissé échapper un mot qui a le don de vous irriter; j'ai dit les intérêts. Il vous scandalise que la plupart des hommes songent à leurs intérêts ; demandent que les formes politiques ménagent leurs intérêts. Cela est bas, et vil à vos yeux. « Ces masses asservies au culte des intérêts matériels. » C'est là une phrase qui court chez nous, comme une monnaie. Mais cependant, messieurs, ou citoyens, quelle est la fin de la politique, et de toutes les théories politiques ? de rendre les hommes heureux. Il me semble que les conditions matérielles où l'homme vit entrent bien pour quelque chose dans son bonheur. Que les hommes souffrent de la faim, du froid, du chaud et désirent n'en pas souffrir, c'est peut-être honteux pour la nature humaine, mais enfin elle est comme cela.

Peut-être serait-il humain à vous de ne pas la regarder telle qu'elle, avec trop de mépris. Il faut considérer aussi que quelquefois l'homme craint la gêne, la misère, moins pour lui que pour des êtres chers, pour une femme, pour des enfants. Ce sont là des sentiments encore un peu terre à terre, sans doute, excusables toutefois. Pour moi, quand je vois que l'idée de bouleverser le monde économique, de causer des chômages, des faillites, etc., reste fort au-dessous de vos préoccupations habituelles, je trouve cela grand, magnanime ; cette indifférence est assurément la marque d'une haute nature ; mais j'estime qu'il manque à cette hauteur un peu de largeur.

Je vous ferai encore une observation à propos du mépris des intérêts. En mettant généralement, le paysan, le bourgeois, assez bas, nous louons, et volontiers canonisons l'ouvrier. Mais de quoi le louons nous en somme? de marcher avec nous. Est-il bien sûr que l'adhésion de l'ouvrier à notre parti soit si pure de tout intérêt? Ne lui promettons nous pas quelquefois des choses, qui, telles que la gratuité du crédit, la propriété des instruments de travail et autres, répondent plus au désir (naturel) du bien être, qu'à celui de l'indépendance politique?

Notez bien que je ne nie pas la question sociale, je m'en expliquerai ailleurs ; mais il me semble voir que l'ouvrier vient à nous plus préoccupé d'intérêts matériels que d'intérêts moraux. A en juger par leurs paroles, les ouvriers ne font pas précisement autant de cas des libertés politiques que de certaines thèses économiques, tant s'en faut. Les intérêts matériels de l'ouvrier seraient-ils, par hasard, moins matériels que celui du commerçant, du bourgeois et du paysan?

Je le sais, ce qui vous donne droit de traiter avec tant de légèreté les intérêts matériels, c'est la nature incomparablement supérieure des intérêts moraux que vous défendez : la liberté, la dignité, la fierté individuelle, etc. Vous apportez donc la liberté? — Oui, à condition que tout le monde sera de notre avis. — Ah! bien, vous apportez la liberté pour plus tard peut être, mais la dictature sûrement pour tout de suite : ce n'est pas tout à fait notre compte.

Si vous disiez raisonnablement : « Nous avons souci des intérêts matériels, mais encore plus des intérêts moraux ; la liberté, avec la dignité, la fierté qui la suivent, doivent passer d'abord, puis viennent les intérêts proprement dits ; » je vous comprendrais et j'applaudirais, d'autant mieux que le sacrifice momentané des intérêts matériels à la liberté rapporte au centuple, mais ce ne sont pas là de vos discours.

Non. Vous offrez à vos concitoyens une révolution avec ses suites déjà éprouvées, des périls, des désordres, des ruines, un sacrifice plus ou moins long de la prospérité matérielle, et en compensation, quoi? la liberté, qui vaut en effet tout cela pour les bons esprits? La liberté? pas du tout, la dictature. Je vous fais tort, dites-vous ; soit, je rectifie : la dictature, et le nom de république. Et ce beau programme, de quel air le présentez-vous, et de quel ton? Certes, il vous conviendrait, faisant des propositions si avantageuses, d'être modestes, engageants, au moins par les manières. Mais point. « Voulez-vous la dictature républicaine? hé, quoi? que dites-vous? vous ne répondez pas? vous hésitez? Il faut que vous soyez un franc imbécile, ou un parfait égoïste. » Voilà vos façons d'offrir votre belle marchandise. Il serait plaisant que des hommes en eussent la moindre envie.

Et puis quoi? Il est un phénomène évident, que nous ne voulons pas voir, un phénomène d'opinion constaté et formulé il y a de cela longtemps déjà, dans une petite phrase fort claire. La phrase appartient à un de nos pères de la Révolution, je ne sais pas sûrement lequel; mais c'est Condorcet, je crois : *Il y a dans le nom de roi ou d'empereur quelque chose qui rassure les propriétaires.* Méditez bien cette vérité; qui a pour revers cette autre, hélas! « Il y a dans le nom de république quelque chose qui, depuis 93 surtout, ne rassure pas les propriétaires. »

La première fois que Danton monta à la tribune après le 10 août, le premier mot qu'il dit, fut: Si loin qu'aille la Révolution, elle s'arrêtera devant cette borne, la propriété. A première vue, en lisant ce discours, on ne comprend pas beaucoup l'opportunité de la déclaration. Elle a l'air de ne rimer à rien. On ne faisait pas encore de socialisme dans ce temps là, on n'avait encore parlé ni de question sociale, ni de communisme, ni de crédit gratuit, ni de rien de semblable. Mais il y avait un fait: le roi était en prison; on entrait en république. C'était assez pour que Danton protestât de son respect à l'égard de la propriété. Il avait lu au fond de l'âme des paysans et des bourgeois; et il répondait droit au soupçon obscur mais profond, tenace et général, du peuple, comme si le peuple avait parlé. Danton était un politique.

Et puis quoi encore? Nous poussons l'esprit de parti jusqu'à la niaiserie. Chez nous, on se croit obligé absolument d'accepter la responsabilité de ce qui est dit ou fait publiquement par un membre quelconque du parti, fût-ce par un étourneau ou par un fou (Dieu sait si nous en manquons); d'accepter encore tout ce qui a été dit ou fait jadis par tout ce qui a pu porter le titre de républicain. N'avons-nous pas entendu même des républicains libéraux s'écrier: « Nous ne désavouons rien de ce qu'ont fait nos pères de 93! » Hé, mes braves amis, on ne peut pas être plus dupes des mots que vous l'êtes. Parce que les septembriseurs s'intitulaient républicains, vous voilà convaincus qu'ils sont de notre bord. Ils ont en effet de commun avec nous le nom, mais leurs idées, leurs théories, leurs pratiques surtout, mettent entre eux et nous la différence essentielle, celle des choses. Les septembriseurs en réalité sont des tyrans: ils appartiennent à la famille des rois absolus.

Ne vous donnez donc pas tant de mal pour blanchir des ennemis, et les pires de tous, ceux qui ont déshonoré notre nom. Mais on aura beau dire, vous en resterez longtemps à croire plus les mots que les choses. Il ne faut pas se plaindre alors si le bourgeois, le paysan, sont dupes comme vous des dénominations. S'ils suspectent, s'ils redoutent en vous les petits-fils des républicains terroristes de 93. Vous les confirmez vous-mêmes dans cette erreur, en revendiquant à chaque instant l'honneur de cette filiation.

Tenez, laissez-moi vous le dire, votre attitude à cet égard est étonnante. Vous commencez par excuser les Danton, les Robespierre, etc., sur les dangers du moment. Ce qui revient à dire : Ils n'ont fait que suivre la pente de la nature humaine; dans les dangers extrêmes, l'homme se sauve à tout prix. Et puis continuant, vous proclamez que les Danton, les Robespierre, etc., furent des hommes plus grands que nature. Il y a là une contradiction que je vous signale. Il faudrait une fois prendre un parti. Étaient-ils plus grands que nature, alors ils sont sans excuse. Les excusez-vous, alors ils sont des hommes ordinaires.

Enfin passons; cette question viendra un autre jour. Ce que je maintiens ici c'est que ces hommes là ne sont pas vôtres. Vous êtes fort heureusement des petits-fils adultérins, qui prenez feu pour l'honneur d'une ascendance purement nominale.

Je parle, bien entendu, pour les républicains libéraux; car, pour les républicains dictatoriaux, c'est différend; ils sont petits-fils légitimes; l'éloge de Robespierre et des autres est fort bien placé dans leur bouche, j'en conviens; ce dont je ne conviens pas, c'est qu'il soit rassurant pour le pays.

III

Nous effrayons le pays, nous l'offensons; mais ce n'est pas tout, nous l'impatientons. Pour moi cela me semble hors de conteste. Je vous accorderai ici tout ce que vous voudrez, les bourgeois sont égoïstes, les paysans poltrons, le pays ne vaut pas qu'on tienne compte de sa volonté, etc.; il faudra bien qu'à votre tour vous m'accordiez cette chose irréfutable : que ces opinions publiées, criées partout, ne peuvent pas nous faire des amis de ceux qu'elles touchent. Que voulez-vous, la nature humaine est déplorable ! ces gens que nous bernons en paroles si agréablement n'y prennent pas le même plaisir que nous. — Ils devraient comprendre, direz-vous, qu'ils le méritent. — Assurément, quoi de plus aisé que de comprendre cela, surtout quoi de plus ordinaire? Il est vraiment étrange que le pays nous refuse la sympathie qui nous revient de droit; car d'abord nous ne lui cachons pas que nous le méprisons, ce qui est franc, et puis, pour éviter un injuste dépit, nous lui expliquons comment il ne mérite pas mieux, nous lui justifions notre dédain: Que lui faut-il de plus? et qu'a-t-il à demander après cela?

IV

Un parti est jugé, ordinairement, par ceux qui n'en sont pas, non sur ce qu'il contient de meilleur, mais sur ce qu'il a de plus visible.

Chez nous, force est que ceux qui sont les pires soient ceux qu'on voie le plus, car ce qui fait qu'ils sont les pires, c'est justement la manie de se mettre en vue. On n'est guère républicain par peur, ou par intérêt, dans ce moment-ci du moins; en sorte que le seul péché presque, dont on soit tenté chez-nous, c'est l'orgueil; un républicain qui a évité celui-là est presque toujours un caractère distingué; mais ce caractère distingué, ne pouvant rester tel qu'à la condition de fuir l'orgueil, l'ostentation, est aussi presque nécessairement invisible; tout au moins reste-t-il masqué aux yeux du dehors par la foule républicaine qui se produit, avec complaisance, sur le devant de la scène.

Nos adversaires soupçonnent bien quelque chose de cela; ils pourraient en concevoir quelque meilleure opinion de nous, et quelque espoir meilleur de notre conduite; mais d'autres traits de notre parti, qu'ils aperçoivent fort bien, achèvent de les décourager.

Nous autres républicains nous avons deux attitudes, deux visages, l'un pour les gens du dehors, énergique, roide, et même renfrogné; l'autre circonspect, timide pour nos coreligionaires. Nous craignons fort les accusations domestiques. Chez nous on s'excommunie volontiers les uns les autres; ce n'est pas seulement la faute des hommes, mais celle de notre situation de vaincus. Dans un parti malheureux on soupçonne toujours la désertion. La nature humaine est ainsi faite que les violents sont toujours moins vite soupçonnés (c'est le contraire qui devrait être) : grand avantage des violents sur les modérés, et grande tentation pour ceux-ci de se faire violents. Paraissant plus sûrs, les violents sont bientôt par cette raison (entre autres) les plus autorisés, surtout parmi les hommes simples, sans éducation. Or les hommes de cette espèce forment le fond de notre parti.

Il y a une autre cause encore qui fait que chez nous les conseils violents et la politiqne populaire doivent prévaloir. Dans un parti dévoué particulièrement aux intérêts de la classe ouvrière, comme le nôtre, on pense, malgré soi, qu'on ne peut sans ridicule être désapprouvé par les ouvriers. Aussi reçoit-on avec une déférence extrême les avis, les opinions des hommes en blouse. On n'ose pas trop les conseiller soi-même, on craint d'affecter une supériorité intellectuelle, de paraître aristocrate; on se laisse conduire par des gens qu'on devrait guider; on n'a pas de courage, hélas! nous l'avons vu trop récemment, on n'a pas de courage contre les préjugés, les prétentions populaires; on laisse dire, on laisse prêcher des choses absurdes sans protester, ou en protestant avec mollesse; alors qu'on devrait réprimander vertement.

Quoi d'étonnant après cela, si même en reconnaissant qu'il y a des républicains plus raisonnables que la masse du parti, nos adversaires font cependant plus d'attention à cette masse qu'à cette élite, s'ils règlent sur les sentiments de cette masse leur conduite à l'égard du parti? Ils croient, et tout semble les y autoriser, ils croient que notre parti, en cas de victoire, agirait, non suivant la prudence des chefs, mais suivant l'ignorance et l'emportement des soldats. Ne voyez-vous pas ce que nos adversaires doivent apercevoir comme possible, comme probable, au bout de cette carrière où les chefs seraient alors traînés par leurs soldats? La dictature des pires, des plus violents, appuyée sur la foule. Et il est bien sûr qu'aucun gouvernement, absolument aucun, n'est aussi effroyable que la tyrannie de la foule, parce qu'alors l'oreille et le bras du tyran sont présents partout.

CHAPITRE IV.

I

Beaucoup de républicains s'imaginent que mes observations précédentes ne les concernent pas; tandis qu'ils en sont pleinement atteints.

« Quant à moi, disent-ils, je le déclare, mes vœux sont pour qu'aussitôt la république établie, les libertés de presse, de réunion, d'élection, soient accordées absolument à tous, même à nos ennemis. Je suis persuadé que la république sortira victorieuse de l'épreuve : êtes-vous content? »

Pas encore. Si vous croyez que l'épreuve vous favorisera, votre mérite à l'affronter n'est pas bien grand. Le républicain le plus autoritaire, avec la même espérance que vous, en ferait autant. Supposez une chose, c'est qu'il vous paraît clair par l'expérience de la liberté, que la liberté amènera le triomphe de nos ennemis; vos vœux seront-ils encore pour la liberté? Il me faut cela, je ne me contente pas à moins.

« Mais cependant s'il est visible que nos ennemis arrivant au pouvoir supprimeront la liberté, à quoi nous servira de ne pas la supprimer d'abord nous-mêmes? »

A cela précisément de ne pas la supprimer. Croyez-moi, si quelqu'un doit faire cette mauvaise besogne, laissez-en la charge à nos ennemis, préférez hautement la dictature des ennemis à la dictature des amis. Quant à moi je la considère comme le suprême malheur; l'absolutisme d'un prince n'est rien auprès, par cent raisons. Je passe les raisons politiques et je n'en donne qu'une tirée de l'ordre moral : entre subir le mal ou le faire, je suis tout de suite décidé, je choisis de ne pas le faire.

« Eh bien! soit; je vote encore pour la liberté : vous êtes satisfait? »

Pas encore. Il est un point qu'il faut éclaircir. Cette république libérale comment l'avez-vous établie (je dis vous ou les vôtres); par une émeute réussie ou par le vote paisible des Français?

« Et si c'était par une émeute, qu'en diriez-vous? »

Je dirais que vous n'êtes point encore l'homme que je souhaite, que vous avez manqué à la probité politique en relevant la république sans le consentement général; que vous avez commis envers votre cause la plus grave des fautes, qui est de la faire réussir contre la morale.

« Alors vous, vous attendriez coûte que coûte l'heure où la majorité consentira? »

Vous me fâcheriez d'en douter.

« Quoi donc! vous attendriez cent ans la venue de la république? »

Mettons mille ans, si vous voulez, mettons ce qu'il vous plaira. Il ne s'agit pas de temps; il s'agit de probité. Vous savez l'histoire du mandarin?

« Parfaitement. »

Voici mon histoire du mandarin à moi. L'empire a disparu, je ne sais par quelle cause. Plus de gouvernement, place nette. Nous voici vous et moi installés à l'hôtel de ville de Paris, seuls, maîtres, absolument maîtres de décréter la forme du gouvernement. Pour moi, je ne dis pas que je ne serai pas tenté, mais je crois, j'espère, que je serai capable de vaincre la tentation : Je ne décréterai pas la république. Je ne décréterai pas davantage la monarchie. Sans rien préjuger, j'établirai la liberté la plus entière, et une fois que mes concitoyens auront choisi, quoi qu'ils aient choisi (excepté un dictateur bien entendu), je m'en irai tranquillement, sûr d'avoir fait simplement mon devoir d'honnête homme. Mauvais républicain, direz-vous. Soit, c'est possible, quoique je le conteste, mais honnête homme à coup sûr, ce qui passe avant. Quant à vous, je dis que si vous prenez un autre parti, vous n'êtes pas encore parvenu à la probité publique, vous êtes un arriéré.

«Je crois que vous ne jugez pas bien notre situation faute d'en embrasser tous les éléments. Vous oubliez notamment l'origine de l'état actuel. Il y a un fait qui nous justifie d'avance de bien des choses, il y a le deux décembre. »

Parlons donc du 2 décembre. Je ne veux éviter aucune question.

II

On a essayé de justifier le 2 décembre par plusieurs raisons :

1° On a dit : Le pouvoir exécutif n'a fait alors contre le législatif que ce que le législatif allait faire contre lui.

Quand même les complots du législatif seraient prouvés, et ils sont à mille lieues de l'être, ils ne justifieraient rien. Il faudrait au moins que le législatif eût commencé de les exécuter, et personne n'ignore le contraire. Je voudrais bien qu'un citoyen se disculpât devant un tribunal en disant : J'ai tué mon voisin, c'est vrai, mais il songeait à me tuer : l'excuse serait bien reçue ! Au reste en discutant cette fantaisie, je fais preuve d'obligeance; et en alléguant les prétendus complots du législatif, on n'a pas fait preuve d'imagination. Bonaparte avait déjà avancé pareille chose contre les conseils au 18 brumaire et aussi contre le duc d'Enghien, quand il le fit tuer. C'était déjà une vieille tactique, si vieille qu'on l'avait mise en proverbe : Quand on tue son chien on l'accuse d'être enragé. Avant le 2 décembre on aurait pu parier à coup sûr que si jamais le président chassait la Chambre, la Chambre serait accusée d'avoir voulu chasser le président : ce sont excuses régulières et dans l'ordre.

2° On a dit : Le peuple en votant le plébiscite proposé par le président a blanchi tout ce qui s'était fait.

Cet argument a paru à beaucoup d'adversaires du président irréprochable dans sa conclusion, aussi n'ont-ils attaqué que les prémisses. Ils ont dit : Il n'est pas vrai que le peuple ait voté, en ce sens qu'il n'a pas voté librement; le peuple n'a pas réellement approuvé le 2 décembre.

Pour moi, je crois que le peuple a approuvé; mais je ne discuterai pas longtemps pour démontrer le fait; voici pourquoi : que le peuple ait approuvé ou n'ait pas approuvé, ce m'est tout un, la question est à mon avis insignifiante. C'est là ce que je veux démontrer.

Je veux faire cependant une observation préliminaire pour ceux qui pensent que le vote populaire a justifié le coup d'État.

Entre le moment où ont été faits les actes que nous savons et le jour où le peuple les aurait justifiés, qu'était-ce donc que ces actes, qu'étaient les auteurs de ces actes? Comment, dans l'intervalle, fallait-il les qualifier?

Voici une autre difficulté que, pour plus de précision, je vais vous montrer dans un cas particulier.

Il y avait dans mon département, au 2 décembre, un juge, fort honnête homme et fort courageux, de plus naïf, prenant au sérieux tout ce qui se dit et s'écrit sur les devoirs du magistrat, sur le respect, l'assistance dûs à la loi; père de famille, riche ou du moins aisé, considéré, enfin ayant beaucoup à perdre. Il avait accepté sa place sous Louis-Philippe, non pour avancer, faire son chemin dans la magistrature, mais pour remplir une fonction utile et avec le dessein d'en rester là. Arrive le 2 décembre. Notre juge apprend avec tout le monde que la Chambre est dissoute, chassée, les représentants du peuple en prison, fusillés, etc., etc. Ce n'est pas tout : suivant les formes prescrites par la constitution, car la constitution avait prévu le cas, la haute cour nationale s'est réunie, elle a mis le président hors la loi, requis tout citoyen de prêter main forte à son arrêt, sommant chacun de faire son devoir, de soutenir la loi. Étant donné le caractère de l'homme, on pense ce qu'il dut sentir en recevant cette sommation, cet appel au devoir qui lui arrivait, à lui juge, notez-le bien, du tribunal le plus élevé du pays. Il rassembla les siens, sans en excepter sa femme, leur exposa les faits, et sa conclusion fut ce qu'elle devait être. Tous y adhérèrent, et sa femme même, quoiqu'il lui en coûtât, répondit : Mon ami, faites votre devoir. Notre juge donc s'en alla dans la ville, disant tout haut à chacun : « Demain, tu prendras tes armes et tu te rendras à la mairie ; moi, je suis magistrat, et comme tel, je sais que je dois donner l'exemple de défendre la loi ; je sortirai le premier, mon fusil sur l'épaule ; à demain. » Le soir on vint pour le prendre. Sa femme ayant par une ruse retardé les gendarmes, notre homme se sauve de sa maison ; mais il voulait encore rester dans le pays. Prié, supplié, il se résolut enfin à fuir ; il gagne l'Espagne, de là les colonies où il avait des biens. Sa femme partit plus tard pour le rejoindre. Bientôt elle mourut, jeune encore, d'une maladie indigène, la fièvre jaune, qu'elle n'eût point prise chez elle.

Lui, vit toujours, il vit à l'étranger. Je crois que l'absence et les voyages lointains de son chef ont à peu près opéré la ruine de cette maison.

Eh bien, à présent, voyons, que devait faire ce juge, sommé de prêter main-forte à la loi violée? Car du moins vous ne niez pas que la loi n'ait été violée; mais, vous dites, « la violation a été couverte! » Fort bien, tout ce qu'il vous plaira.... Que devait faire ce juge? Prévoir que le peuple justifierait, prévoir que cet attentat ne serait plus un attentat, et attendre qu'on eût changé la qualité morale des actes? Non, n'est-ce pas? une prévoyance si sûre ne peut pas s'exiger sans absurdité; d'autant qu'en ce moment il paraissait fort possible que l'attentat fût réprimé et puni. Enfin que devait faire ce juge?

Il devait, direz-vous, rester tranquille. Oh! très-bien! vous invitez les Français à ne pas prendre au sérieux les lois, les pouvoirs, les devoirs. Vous conseillez à tous, si jamais quelqu'un renouvelait cette surprise du 2 décembre, de ne pas s'en inquiéter; et d'attendre pour voir si le pleuple ne décidera pas après coup, que ce quelqu'un en faisant mal a fort bien fait : voilà qui est excellent! Magistrats, officiers, fonctionnaires, citoyens, tous nous savons désormais la conduite qu'il nous faut tenir; elle est simple : il n'y a plus qu'à laisser faire. Y a-t-il par là un homme qui désire mettre la main sur ce pays-ci, un homme qui estime la France de bonne prise? eh bien, qu'il sache nos règles nouvelles et qu'il en profite. Qui que vous soyez, monsieur, ne vous gênez pas, pour nous autres du moins; tâchez seulement de saisir le pouvoir exécutif, de déplacer un homme ou deux, d'occuper en un certain lieu un certain fauteuil, et puis tendez la main, tendez donc, vous dis-je, la France inerte y tombera comme un poids, sans vie, sans conscience. Mais.... prenez garde, méfiez-vous des imitateurs!

Voyez-vous, dans votre théorie, il y a un diable d'écueil, je le répète, c'est qu'il se passe toujours quelques heures au moins entre ces actes et leur justification par le peuple, quand il y a justification (ce qui pourrait ne pas arriver, remarquez bien). Que dire à ceux qui se sont fait emprisonner, exiler dans l'intervalle, aux fils, aux mères de ceux qui se sont fait tuer pour la loi, quand elle était encore la loi? Criez tant qu'il vous plaira: « Tout est effacé, lessivé, gratté. » Vous vous trouvez en face d'un jeune homme qui vous dit: « La mort de mon père est effacée aussi sans doute, et vous allez le faire revivre? — Il a eu tort de se faire tuer.— Pardon! on l'a déclaré depuis, c'est vrai; mais, au moment, le tort était encore, d'après vous-même, du côté de celui qui tuait, non de l'autre. »

Que répondre à cela? Rien. Devant certaines femmes en deuil, qui ont la conscience droite et roide, c'est pis encore. Il est malaisé de garder une attitude qui vaille, quand même on aurait derrière soi tout le peuple, en chair et en os.

Cela m'amène naturellement à vous dire ma propre opinion; elle est bien simple. Donnez à décider au peuple français si monsieur un tel le gouvernera ou non, si ce monsieur gouvernera avec le titre de président ou avec celui d'empereur, c'est fort bien fait, le peuple est compétent pour cela; mais si vous lui donnez à décider une question comme celle-ci: Monsieur X... a-t-il bien fait de prendre le pouvoir par la force, bien fait d'emprisonner, de fusiller sans jugement ceux qui s'y opposaient, vous avez tort; le peuple n'est point compétent. C'est comme si vous lui demandiez : Est-il juste de faire une injustice? Qu'il vous réponde : Oui, à l'unanimité; quoi donc! que toute la terre vous réponde de même sans exception (mettez-y les astres si bon vous semble), il n'en sera ni plus ni moins; cela signifiera une chose, il est vrai, c'est que monsieur X.... ne sera pas puni, mais cela ne signifiera jamais qu'en faisant mal X.... a bien fait. Ou si ce peuple, qu'est-ce que je dis? si le genre humain s'imaginait pouvoir changer la nature morale d'un acte en l'approuvant, eh bien, mais, quant à moi... fussé-je seul, je me soucierais de l'arrêt universel comme d'un fétu.

III

« Vous voyez bien que nous avons le droit de nous lever contre les auteurs du 2 décembre, de les chasser par force et d'établir la république. »

Permettez. De ce que l'empire a été fondé par un coup d'État, je ne vois pas que vous soyez autorisés à en faire autant pour la république. Singulière logique! « On a fait contre moi un acte si exécrable que j'ai droit de le renouveler contre les autres. » Il n'y a de droit pour une forme de gouvernement quelconque que dans le consentement du plus grand nombre. — Eh bien, soit, mais si en me révoltant contre le gouvernement du 2 décembre je ne prétends qu'à chasser ce gouvernement, à faire justice d'un attentat, réservant d'ailleurs à la nation le pouvoir de décider ce quelle mettra à la place, par quel argument m'en dissuaderez-vous? Par aucun qui soit tiré du juste; à ne considérer que la justice, je n'ai rien, absolument rien à vous dire. Mais si je consulte un autre ordre d'idées, alors j'aurai de quoi vous dissuader peut-être.

IV

Je vous demanderai : quel est le but de vos vœux les plus fervents? Que voulez-vous par-dessus tout? Est-ce la liberté et sa couronne finale, la république? est-ce le châtiment du 2 décembre? Il s'agit de savoir ce que vous préférez : tout est là.

Avouons-le enfin, au 2 décembre le pays fut complice. Il le fut au moins par son indifférence. Les faits du 2 décembre ne sont pas pour lui ce qu'ils sont pour vous, c'est trop évident. Quand vous lui parlez d'une révolution qui vengerait la morale, il ne voit, il n'entend qu'une chose, c'est que vous lui préparez une révolution; vous lui donnez des craintes sans lui donner des remords; la peur de la révolution violente l'éloigne de la liberté pacifique. Il se produit là un effet contraire à vos espérances. Plus vous menacez les auteurs du 2 décembre, plus le pays tend à se serrer autour d'eux, à faire de leur cause la sienne. Il y a pis encore, plus vous menacez, plus vous justifiez ou excusez le 2 décembre aux yeux du pays. Certes, se dit le public, contre ces pertubateurs, il fallait bien prendre un parti énergique. Faux, absurde, injuste raisonnement sans doute, mais c'est le pays qui le tient, et vous ne pouvez pas vous passer du pays. La conscience générale n'est pas ce que vous voudriez qu'elle fût, hélas! voilà le mal. On ne refait pas en un jour la conscience générale, surtout on ne la refait qu'à condition d'avoir de l'autorité morale, du crédit. Qui veut changer les hommes doit commencer par avoir au moins l'oreille des hommes ; si vous voulez qu'on vous écoute, cessez de menacer.

C'est, dites-vous, le triomphe de la justice que vous voulez : Le vrai triomphe pour la justice, croyez-moi, c'est de fonder une bonne fois la liberté et la paix ; le reste ne serait jamais que la punition d'un homme. Que dis-je? punir, vous parlez de punir, comme si cela dépendait de vous. Vous imaginez-vous que la punition consiste dans un supplice corporel ? Ce serait voir ces choses d'une vue bien matérielle. Un supplicié peut aussi bien être regardé comme un martyr que comme un malfaiteur et alors il n'y a plus de châtiment. De quoi donc dépend la punition? Du jugement que porte autour de lui l'humanité. Le châtiment appartient à l'opinion universelle ou à peu près universelle. En disposez-vous ? Non.

Laissez donc cela; le pouvoir de punir vous échappe, parce que la conscience générale n'est pas à l'unisson de la vôtre, et tandis que vous croiriez rendre témoignage à la justice, vous ne feriez aux yeux de la plupart des hommes que fournir un nouvel exemple des haines et des vengeances politiques.

Non. Un grand parti, la portion la meilleure peut-être, la plus énergique en tout cas, d'une génération ne peut pas vouer ses efforts, ses peines, tendre exclusivement ses désirs à un acte de vengeance politique, et pour si peu ajourner le moment de l'accord général qui fondera la liberté.

Ah! je sais; oui, aussi bien que personne, je sais, je sens ce que c'est que de garder sur le cœur le poids des choses impunies, mais je le dis hautement, quiconque met avant tout la satisfaction de sa haine, fût-ce la plus légitime des haines, n'est encore qu'un égoïste. — Quoi! oublier, pardonner! — Qui vous parle d'oubli et de pardon? — Non, n'oublions pas, n'oublions jamais.

Quant au mot de pardon qui ne pourrait s'adresser en tout cas qu'à notre pays, un tel mot, à cause de cela même ne doit pas être prononcé. Non, il s'agit de ne plus menacer, car cela est vain et funeste. Il s'agit de ne plus poursuivre l'ombre illusoire d'une punition que nous n'atteindrions jamais : il s'agit d'enterrer en soi tout vivant et dévorant le ressentiment le plus juste, mais le plus dangereux. Vous voyez pourquoi il le faut; ai-je besoin de vous le redire? c'est la nécessité de rétablir la communication entre nous et la masse du pays, c'est la liberté, c'est la république à venir, qui demanmandent ce sacrifice.

Un jour, quand la conscience générale verra les choses passées d'un regard plus sévère, plus tranchant, quand le 2 décembre lui apparaîtra ce qu'il fut, on comprendra ce que certains silences ont pu coûter à des cœurs fiers. Et ce jour-là nous obtiendrons, nous ou les nôtres, avec la reconnaissance de notre sacrifice, la plus belle vengeance que nous puissions souhaiter et la seule qui après tout vaille qu'on y tienne.

CHAPITRE V.

Faire une révolution pour établir par la force un gouvernement qu'il n'appartient qu'au grand nombre de décider, serait une malhonnêteté : — considération qui touchera peu certains esprits supérieurs ; — mais ce qui me reste à vous dire, c'est que ce serait une malhonnêteté gratuite.

I

Supposons la république proclamée à la suite d'une insurrection, qu'en adviendra-t-il ? Nous allons le voir. Il me semble que j'y suis, hélas !

Paris a crié vive la république et toutes les provinces font écho.

« Vous voyez bien que la province suit. »

Assurément, comme en 48. La province ne vous marchanda pas alors les vive la république. Beaucoup crièrent en ce temps-là par peur, par contagion, par mode, bêtise ; beaucoup en enrageant, et se jurant qu'ils vous le revaudraient. Je crois apercevoir que c'est encore la même histoire. Voyons franchement. Tous ces gens-là hier n'aimaient pas la république. Pourquoi l'aimeraient-ils aujourd'hui ? Est-ce parce qu'elle a été établie, sans leur consentement et même contre? Est-ce parce que Paris, une fois de plus, a décidé de leur destinée, sans se soucier de leur opinion plus que d'une pomme? Notez que les affaires sont arrêtées, les ouvriers chôment, les artistes ne font rien, la commande est morte, l'argent se resserre, les amas de marchandises se gâtent ou se vendent à vil prix; voilà une banqueroute qui en cause dix, et chacune de ces dix dix autres; les maisons de commerce tombent à la file; les rentes, intérêts et loyers ne se payent guère plus; la misère monte, et ce qu'elle n'atteint pas est au moins touché par la gêne. Qui est-ce qui gouverne aujourd'hui, on le sait encore; mais on ne sait pas, par exemple, qui est-ce qui gouvernera demain, ni si quelqu'un gouvernera. « Où allons-nous? Que fera-t-on? surtout que ne fera-t-on pas ? — Il y a des gens qui demandent l'organisation du travail, la gratuité du crédit, la liquidation sociale; qu'est-ce que cela signifie? — Où cela tend-il? — On dit que les chefs ne sont pas d'accord? — Qui l'emportera du moins avancé ou du plus avancé ou de ce troisième qui marche devant les deux autres? — De quelles mains en quelles mains allons-nous passer? Le paysan, qui croit qu'il n'y a plus personne là-haut qui veille, quand il ne voit plus un nom d'homme seul au gouvernement, le paysan nettoie son fusil. — Aurons-nous la guerre? Toute l'Europe en sera-t-elle?

« Craintes absurdes! dites-vous, défiances insensées! Vraiment ces bourgeois, ces industriels, ces commerçants, ces paysans perdent la tête dès qu'ils croient leur sac menacé. »

C'est absurde assurément! Traitez-les bien haut d'égoïstes et de poltrons! Fâchez-vous, injuriez, allez, marchez. — Ils vous ont entendu; voilà qui est fait : sûrement vos dédains finiront par concilier ces gens-là à la république! Mais en attendant quel parti allons-nous prendre envers cette tourbe méprisable qui ne forme guère que les trois quarts et demi de la nation? Ici, je vois se développer deux tableaux assez différents, suivant le parti que nous prendrons.

Ce sont les républicains libéraux qui tiennent la corde. La presse est libre, les réunions sont libres, les élections libres. Les provinces nous envoient des députés républicains, tous républicains; la preuve, c'est qu'arrivant, au débotter, ils acclament sept fois de suite la république. Chose étrange, ils n'étaient pas du tout républicains, pour la plupart, il y a trois mois, ni leurs électeurs non plus. En usurpant sur leur volonté Paris les aura tous convaincus sans doute ; il n'y a rien qui vous gagne comme la violence !

« Non, dites-vous, nous ne sommes plus si naïfs ! Il est beaucoup de ces députés, nous le savons à présent, qui arrivent avec le dessein de miner la république sourdement d'abord, puis plus ouvertement. »

En cela, du reste, ils ne feront qu'accomplir la volonté secrète de leurs commettants : exécuter leur mandat tacite.

« C'est indigne ! »

Ne criez pas trop fort ; est-ce que vous avez consulté ces gens-là ? Vous avez voulu leur imposer votre volonté par force ; eux tentent de faire la leur par ruse ; ne soyez pas si indulgents à vous-même et si sévères aux autres. — Il est des députés cependant moins décidément hostiles. « La république est là, pensent-ils : Pourquoi ne pas la garder, si elle est bien sage ? Attendons, nous verrons bien. » Cependant les républicains dictatoriaux ne sont pas contents ; plus que jamais convaincus que la dictature est bonne, la force excellente (ne lui doit-on pas d'être en république en effet ?), ils croient voir de plus que la liberté est en train de perdre la république. Ils disent avec raison : « Bien innocents sont ceux qui s'imaginent que les députés de la France soient sincèrement républicains. Ils ne le sont pas, ne peuvent pas l'être. Frappés par la république moralement ou matériellement, l'aimeraient-ils pour cela, quand ils la détestaient déjà auparavant ? Non. Il faut être logique, ce qui a été établi par la force contre le gré du plus grand nombre ne peut être conservé que par la force. Chassons ces ennemis de la place et avec eux les républicains libéraux, leurs complices involontaires. » Les républicains socialistes sont du même avis. « Jamais ces députés ne se résoudront à accomplir la révolution sociale, » ajoutent-ils. — Aussi voilà que la presse avancée, les clubs, s'entretiennent d'un nouveau 15 mai. « Ah ! mais décidément répliquent les députés et les électeurs de ces députés (les trois quarts de la France), ces républicains rendent la république insupportable. Nous ne nous laisserons pas opprimer au nom de la liberté ou au nom de l'intérêt général. Il faut prendre des mesures. » Les mesures prises, les dictatoriaux et les socialistes s'écrient : « La réaction se démasque. Hâtons-nous d'agir. » — A quoi les autres : « Hâtons-nous d'élever des défenses. »

La crainte de la réaction renforçant les idées de dictature d'un côté, et la crainte de la dictature confirmant les instincts de réaction de l'autre, il faut, ou que le parti républicain fasse un nouveau coup d'État contre la volonté générale (et alors nous nous retrouvons dans la même alternative qu'au début, avec plus d'irritation de toutes parts), ou que la volonté générale victorieuse abolisse la république.

Il se trouve toujours là à point nommé un prince : jamais les princes ne manquent. Admettons cependant que la nation conserve le nom de république, faute d'un prince, ou par toute autre raison, les choses n'en sont pas mieux pour les républicains. Ils sont écartés du pouvoir, concentré entièrement entre les mains des anciens royalistes. Comme les républicains remuent, se font craindre, même à l'excès, le pouvoir fait contre eux des lois qui restreignent toutes les libertés. On est moins libre dans cette république que dans presque toutes les monarchies ; on y voit plus de sévérités politiques, surtout contre les républicains. Il n'y a guère de régime plus déplorable que celui-ci parce qu'on n'y est pas libre, parce que le grand nombre y applaudit les mesures oppressives, qu'il y tyrannise avec hypocrisie un petit nombre, coupable de l'avoir violenté un instant, et parce que ce sont les ennemis du gouvernement républicain qui dirigent son jeu à la façon monarchique. Il ne reste de la république que le nom ;

et c'est là justement le comble; parce que, malgré tout, à ce nom resteront attachés les souvenirs odieux d'un régime anti-républicain par le fait. Ce n'est qu'une mauvaise monarchie, et une monarchie irresponsable, retenez bien le mot. Cet état finit donc par la restauration d'un prince ou par la dictature républicaine, qui elle-même finira comme nous allons voir tout à l'heure; jamais par la tolérance mutuelle des partis, jamais par la liberté. C'est tout simplement impossible.

A présent ce sont les républicains dictatoriaux qui manient les rênes et le fouet. Conserver par la force contre le grand nombre ce qu'on a fondé par la force, cela paraît du moins naturel et logique. Ici tout est simple, clair et franc, de plus très-connu. Seul, le pouvoir parle et dit ce qu'il veut; la nation n'a qu'un droit, celui de se taire. Seul, le pouvoir est honorable; la nation jouit en silence du mépris de ses tuteurs et protecteurs.

« Laissez donc; les républicains tout au moins seront comptés, seront libres. Il n'y aura de comprimés que les orléanistes, légitimistes, impérialistes, à qui cette petite pénitence ne fera pas de mal, entre nous soit dit. »

Ce n'est pas précisément la leçon de l'expérience. Au début, en effet, tout ce qui est républicain part librement, allègrement, s'avance du même pas.

Bientôt le train commun se rompt; il se manifeste diverses allures. L'unité du parti se brise ; il se forme des fractions qui naturellement discutent et disputent entre elles. Les dictateurs appartiennent à une de ces fractions ; et bientôt ils imposent silence à toutes, hors celle-là, c'est obligé. Dans un État il faut que tout le monde soit libre ou que personne ne le soit. Les fractions du parti républicain ne peuvent longtemps avoir leur franc-parler avec les dictateurs, sans que les autres partis le prennent, en arborant faussement les couleurs de la république : ce qui donne lieu aux dictateurs d'invectiver les républicains opposants. « Vous servez, leur disent-ils, les intérêts de nos ennemis; vous discréditez le gouvernement de la république, de plus vous cachez dans vos rangs des royalistes déguisés : Vous êtes des imbéciles, à moins que vous ne soyez des traîtres. » Et ils font taire tout le monde. Ce que je dis n'est pas une fantaisie; cela s'est vu.

Ainsi, la dictature républicaine pèserait sur les républicains comme sur les autres. « Mais elle durerait si peu! disent quelques-uns : le temps juste que tout le monde soit devenu républicain ; et après ce court moment d'épreuve, les institutions étant bien établies, on n'aurait plus qu'à être heureux jusqu'à la fin des siècles. Cette dictature même serait-elle donc si pesante? Il ne s'agit plus de verser du sang, de dresser l'échafaud : quelques destitutions, quelques emprisonnements; au pis aller, quelques proscriptions en feront l'affaire; ce sera une terreur bénigne, accommodée à la douceur du temps, mise au courant des progrès. Dès que ce régime aura touché les cœurs, persuadé les esprits, qu'on entendra les réactionnaires s'écrier : Quoi! la république n'est pas plus inhumaine que cela! décidément j'aime la république! dès que ce mouvement inévitable se manifestera, nous délierons le pays, nous ôterons à la France ses entraves. Les dictateurs rentreront chez eux spontanément, les mains dans leurs poches; on s'embrassera et tout sera fini par là. » Voilà ce que j'appelle ignorer les hommes à fond!

La physiologie de la dictature devrait être connue de tous cependant. On la devinerait par raison, quand on ne la saurait pas d'ailleurs par expérience.

Les dictateurs ne sont pas dictateurs pour rien; mais pour frapper qui les attaque ou même avant qu'on les attaque. Ces sévices ont des effets nécessaires; ils rendent les mécontents plus mécontents, et mécontents d'autres qui ne l'étaient pas; ils ne ramènent personne; des sévices ne sont pas faits pour cela, ils sont faits pour empêcher la haine intime de se manifester. La théorie de la dictature est aussi simple que celle du gourdin. Le gourdin n'en veut pas à votre affection, mais à votre peur. Quand donc les dictateurs ont frappé, il se trouve que ce pourquoi ils ont frappé s'est accru. Logiquement, il faut réitérer les coups, mais en plus fort; les coups plus forts produisent une irritation plus intense qui appelle.... Vous voyez la suite. Ce n'est pas plus obscur que cela.

Mais ne peut-il pas arriver que les hommes enfin se soumettent, que la volonté soit vaincue au fond de l'âme humaine, que le dernier mot reste à la peur?

Ce n'est pas si facile que vous pensez; l'homme a plus de ressort qu'on ne croit, quand il se sent en accord secret avec d'autres hommes. Je ne dis pas cependant qu'il soit absolument impossible de tuer dans son cœur la colère qu'y causent les coups de gourdin, impossible d'obtenir que battu il ne sente plus rien intérieurement. Il est sûr qu'avec les chiens on arrive à ce résultat. C'est un fait incontestable, propre à vous donner quelque espoir, je vous l'accorde : donc le succès que vous rêvez n'est pas absolument impossible.

Revenons à ce qui arrive le plus communément. La dictature empire le mal prétendu pour lequel elle a été inventée. En sorte qu'au moment où elle finit, elle serait plus nécessaire qu'au commencement. C'est ce qui fait que les dictateurs se montrent toujours si embarrassés de la clore. Ils ne voient jamais que ce soit le moment. Tandis qu'ils attendent, en continuant d'exercer la dictature, l'apaisement des haines qui ne peut pas venir, semblables à des gens qui se diraient : « Il faut mettre des bûches au feu jusqu'à ce qu'il s'éteigne, » une explosion survient qui les renverse, et avec eux, en haine d'eux, tout ce qu'ils avaient fondé ou élevé. Si ce n'est pas le ressort trop comprimé du corps social qui les fait sauter en se redressant, c'est une mine préparée parmi eux, par quelqu'un d'eux contre les autres. Il faut qu'en durant, la tyrannie devienne tout à la fois plus pesante et plus étendue ; qu'elle embrasse plus de monde et laisse échapper moins d'exceptions, tant qu'à la fin elle atteint quelques-uns des tyrans mêmes, et puis tous, sauf un seul. On commence par être un millier de dictateurs, puis trente, puis dix, puis trois, puis un, qui se fait roi, à moins que les trois avant-derniers ne l'anéantissent sur le moment qu'il va se faire roi. Après quoi ils sont emportés par la détente du ressort qu'ils ont lâché eux-mêmes, pour leur propre défense.

En tout cas, de quelque manière que la dictature finisse, que les dictateurs y périssent ou non, tout ce qu'ils ont fait périt. Comment que la barrière des eaux amassées soit rompue, c'est la même fin ; les eaux emportent tous les ouvrages.

Je ne dis pas que si les dictateurs ont fait une guerre heureuse, repoussé une invasion, s'ils ont remporté des victoires, les victoires ne demeurent pas avec leurs effets indestructibles, cela est possible, ou plutôt il serait impossible qu'il en fût autrement : il s'agit ici non d'institutions, mais d'événements passés, qui n'offrent point de prise matérielle au débordement des eaux. Je dis seulement : les institutions de la dictature ne restent pas.

Je ne connais qu'un cas, un seul, où la dictature puisse se fondre paisiblement dans un régime autre que la royauté absolue.

Il est possible qu'un gouvernement dictatorial, appuyé sur le grand nombre, ou qui n'a usé de la dictature que pour écraser le petit, se désarme sans risquer son existence; le grand nombre le soutient pendant qu'il se transforme, et lui donne une assez longue existence pour que la liberté rendue produise ses effets, l'apaisement, l'oubli, la modération. Ce sera peut-être le cas de l'empire. Ce ne serait pas celui de la république qui aurait usé de la dictature contre le grand nombre.

II

Laissez-moi vous dire à la fin une chose dont vous ne vous doutez pas assez : c'est qu'il importe peu que la France soit en république, s'il n'y a pas de républicains. Que les formes soient changées, cela n'est rien, si l'âme ne l'est pas. Décrétez demain la république après une révolution, y aura-t-il un républicain de plus? Non, tant s'en faut. Chez un peuple gouverné contre son gré par un petit nombre de républicains, il n'y en a plus, de républicains! Le grand nombre reste dépravé par la servitude, le petit nombre par la tyrannie.

A moins que ce ne soit être républicain que de porter ce nom à son chapeau!

Quant à répondre que la dictature préparera son contraire, que la tyrannie inculquera aux uns la justice, aux autres la fierté, c'est se moquer. Ah! il est vrai, ce régime, semblable pour le fond à tous les régimes que nous détestons, aura une étiquette fort jolie, il s'appellera république! Mais ce sera tout. Que ceux qui croient qu'il y a des mots qui changent les choses, passent de l'autre côté, qu'ils aillent avec les sorciers, les magiciens et les sacramentaires!

Pour moi, je crois nettement pouvoir dire ce que c'est que d'être républicain : cela consiste à se soumettre à la volonté du plus grand nombre, en tant qu'elle ne touche pas aux droits individuels réservés; de s'y soumettre d'un grand cœur, mais sans quitter rien de la liberté d'avertir, d'éclairer, de ramener le grand nombre; à se révolter aussi, à tous risques, quand la volonté générale ou le gouvernement, son expression, touche aux points qui ne lui appartiennent pas. En un mot, cela consiste à respecter scrupuleusement la liberté d'autrui et à défendre énergiquement la sienne : tout est là.

CHAPITRE VI.

I

Il n'y a pour nous qu'une conduite à tenir. Il faut que nous déclarions bien haut, bien fermement et en toute occasion ceci : « Nous ne voulons de la république qu'établie par la décision libre et spontanée du plus grand nombre. Nous rejetons absolument toute pensée d'émeute, de révolution et de dictature, à un seule condition, c'est que liberté entière nous soit laissée, comme il est dû, pour propager nos idées et persuader nos adversaires. » Selon le principe capital du droit politique actuel, reconnu par l'empire même, le peuple français possède la souveraineté. Il pourra quand il voudra changer la forme du gouvernement, faire de l'empire une république ou une monarchie constitutionnelle. Si le peuple a ce droit, et nul ne peut le contester, nous avons le droit nous de louer devant ce peuple telle forme de gouvernement qui nous semble la meilleure. Tant qu'on ne fait qu'exhorter le peuple non à la révolution, mais à la réflexion, tant qu'on ne fait que provoquer, non des émeutes parisiennes, mais des résolutions nationales, personne n'a rien à dire : on a pour soi le principe même sur lequel l'empire entend se fonder; disons mieux, on a pour soi l'équité et le bon sens; on est dans la voie irréprochable.

Il ne s'agit pas de déclarer des lèvres ce que je disais tout à l'heure, il s'agit de le penser sincèrement, profondément. La probité l'exige, et la politique le conseille.

Il faut que le public devienne sûr que le parti républicain, je ne dis pas le parti tout entier, sans exception, car cela serait impossible, mais enfin le parti sérieux, effectif, mettra désormais, comme il le doit, la volonté générale au-dessus de ses désirs et de ses ambitions.

Le jour où l'on pourra se dire en France : « En tout cas, quand nous serons en république, si nous y sommes jamais, c'est que nous l'aurons bien voulue. » Ce jour-là, le plus ombrageux des bourgeois sera rassuré. Dès ce jour on commencera à nous écouter, quand nous nous mettrons à parler de la république. Les esprits ne seront plus prévenus contre nous par des craintes légitimes, et si nous avons raison (et je crois fermement que nous avons raison) nous les persuaderons infailliblement dans un temps donné.

La raison a sur l'esprit humain un empire naturel qui devient immanquable, dès que la passion ou l'intérêt ne sont plus en jeu. Nous aurons, par notre conduite, mis la passion hors du débat. Reste l'intérêt. Mais une république fondée sur le consentement général ne blesse l'intérêt de personne, au contraire, hors celui du prince et de quelques fonctionnaires.

Au siècle dernier, quand il y avait, en sus du roi absolu, des classes privilégiées, une partie puissante de la nation était intéressée à ce que la nation ne devînt pas libre. Aujourd'hui il n'y a plus dans le pays que le gouvernement qui, par position, ait un intérêt contraire à celui de tous. C'est une situation claire, simple et bien autrement avantageuse. Depuis un siècle environ la liberté aurait dû faire des progrès rapides, mais il est arrivé que la nation a pris contre les libéraux, c'est-à-dire en somme contre elle-même, le parti du gouvernement, son adversaire naturel. Pour qu'un peuple se range ainsi contre ses alliés du côté de celui qui devrait lui être toujours suspect, il faut une raison.

La raison a été que le peuple, au sortir d'une

révolution où l'on avait terriblement abusé du nom de la liberté, s'est trouvé avoir une peur profonde de la liberté. Et cette peur l'empêchait de craindre les dangers qui pouvaient venir du côté du pouvoir. Il aurait fallu que les partis libéraux s'attachassent à rassurer le peuple, en séparant la liberté d'avec la révolution. C'est le contraire qui a eu lieu : le parti libéral justement s'attachait à louer ou à excuser dans la révolution ce qu'elle offrait de plus contraire à la liberté. Il se donnait par là l'apparence d'aimer moins la liberté que la révolution.

Dès 1830, mais surtout depuis 1848, le parti républicain est venu qui, loin de rassurer le peuple, l'a effrayé. Il a pris comme à tâche de le pousser du côté du gouvernement. Depuis 1830 la nation a visiblement rétrogradé, et l'on peut dire que ce que la liberté a eu de plus fort contre elle a été : 1° le souvenir de la révolution; 2° l'attitude des partis avancés.

En ce moment même, après les fautes qu'il a commises, que serait le crédit moral du gouvernement impérial sur le pays, si le pays n'avait pas devant les yeux de certains républicains? Il est vrai, d'autre part, que si le parti républicain exerce une influence, on peut dire qu'il la doit à l'empire.

Donc ce qu'il faut d'abord avant tout c'est que

nous professions le respect de la volonté générale.

Il faut ensuite que nous comprenions mieux ce que c'est que la république. Il faut cesser d'être dupes d'un mot.

La république est d'abord un État où la volonté générale forme la loi, mais ce n'est pas que cela. Le suffrage universel ne constitue pas à lui seul le gouvernement républicain. Avec le suffrage universel on pourrait fort bien avoir un empereur, un roi absolu ; le contraire, en un mot, d'une république. C'est donc ensuite un État où la volonté générale respecte les droits individuels et les fait respecter du gouvernement qui la représente ; un État où la liberté de la presse, les libertés de réunion, d'association, d'élection sont absolues, ce qui est pour toute liberté la seule manière d'être. De plus, dans cet État la puissance publique, déléguée par le peuple, est prudemment divisée en pouvoirs distincts, indépendants, tranchés : législatif, exécutif, judiciaire, tous émanés non les uns des autres, mais de la nation. Enfin, pour dernier trait et comme garantie suprême, aucun de ces pouvoirs n'est donné ni héréditairement ni à vie. Brièvement donc la république c'est le suffrage universel, les libertés individuelles, le pouvoir législatif, exécutif, judiciaire élus ; le pouvoir exécutif confié à un magistrat temporaire. Qui veut tout cela est républicain; qui ne veut pas du dernier point, la nomination du pouvoir exécutif pour un temps, n'est pas républicain, c'est chose convenue, c'est un simple libéral.

Avouons que le républicain et le libéral sont au moins des demi-frères. Tout leur est commun, hors la nature du pouvoir exécutif : question importante sans doute, mais qui n'est pas tant s'en faut la plus importante. Il est vrai que c'est l'opinion qu'il a sur le pouvoir exécutif qui détermine le nom politique de chacun. Ainsi on ne commence à s'appeler républicain qu'au bout de la carrière, à ce point où l'hérédité du pouvoir exécutif n'est plus admise. Voilà pour les dénominations. Mais à considérer les choses et la réalité, qu'est-ce qu'un libéral, sinon un républicain qui ne va pas jusqu'au bout? un républicain, sinon un libéral achevé? A penser sérieusement, c'est un seul et même parti, une même et unique voie, marquée d'étapes et de degrés.

Jusqu'ici nous autres républicains nous avons été assez peu sensés dans nos rapports avec les libéraux. Nous avons fait trop souvent les fiers, les dédaigneux à leur égard, au grand dommage de la cause commune. Comme si entre l'homme qui veut le tout d'une chose, et celui qui veut la même chose hors une partie, il y avait une différence irrémissible. Nous partons tous par le même chemin :

ceux-ci voulant s'arrêter plus près, nous voulant avancer plus loin. Il n'en reste pas moins que jusqu'à certains points la route nous est commune. Pourquoi ne pas faire voyage ensemble, surtout quand on sait que les premiers obstacles en seraient plus aisément vaincus? On dirait parfois que nous serions désolés d'avoir ce que nous prétendons tant convoiter! et de fait les trois quarts d'entre nous préfèrent à tout le plaisir de prendre des airs absolus, des attitudes austères, ce qui n'est pas austère du tout.

Je le répète, l'idée républicaine n'est point une idée à part, une idée tranchée, c'est le libéralisme poussé à sa dernière conséquence; je parle, bien entendu, de la république libérale : quant au républicanisme autoritaire, c'est autre chose; celui-là, c'est pour nous l'ennemi tout autant que la royauté absolue. Être républicain et n'être pas libéral, c'est réchauffer le despotisme dans son cœur en croyant y nourrir la liberté; c'est prendre le mal pour le bien, parce qu'on a appelé le mal d'un nom fait pour signifier le bien.

Il n'y a dans le monde au vrai que deux partis, les libéraux et les despotiques; et comme les libertés sont des droits, c'est-à-dire de véritables propriétés qu'on ne peut entamer sans crime, cette division n'est pas seulement politique, mais morale. On reconnaîtra bientôt cette vérité : nul n'est tenu d'être républicain; tout homme est tenu, est obligé d'être libéral, observateur des libertés d'autrui; comme il est tenu de n'être pas voleur, d'observer les propriétés d'autrui; ce n'est point une question d'intelligence, de générosité, c'est une question d'honneur, pas moins!

Comme il n'y a en réalité que deux partis, les absolutistes et les libéraux, tant du moins que l'absolutisme existe quelque part; comme en présence de l'absolutisme les républicains et les libéraux simples ne forment au vrai qu'une seule couleur plus ou moins nuancée, il est faux, il est inintelligent d'abord d'opposer les républicains aux partisans du régime constitutionnel. En second lieu, les empêcher de réunir leurs efforts, engager chacun d'eux à faire bande à part est extrêmement maladroit, je l'ai déjà dit et maintenant je le démontre. Il me suffira pour cela d'énoncer cette vérité banale : plus on est nombreux, plus on est fort, surtout dans une société où par le premier article du pacte social, c'est le grand nombre qui décide.

Que peut-on objecter de raisonnable, je vous prie, contre ce conseil : que tous les hommes qui veulent également certaines choses doivent les demander ensemble pour être plus sûrs de les obtenir? Ils se sépareront après sur les points où ils diffèrent; soyez tranquille, cela arrivera assez sans que vous ayez besoin de vous en mêler. Mais se séparer sur les points où on est d'accord, uniquement pour se séparer, pour faire bande à part, cela est absurde ; il n'y a pas à cela l'ombre d'une raison.

Il me semble que j'entends d'ici mes chers coreligionnaires.

« Quoi! dira l'un, vous me proposez de frayer avec les orléanistes, avec les légitimistes ? »

— Hé! morbleu, avez-vous peur d'y gagner la peste? Vous gagneriez plutôt à cette fréquentation une certaine intelligence des raisons de vos adversaires, et par suite une certaine tolérance qui ne nuirait pas à la force de vos propres raisons, tant s'en faut. Mais non ! vous avez peur des criailleries de certains républicains qui iront disant : « M. X tourne, M. X a tourné. » C'est assurément montrer peu de caractère !

— Ah! fi donc, s'écriera un autre. Je ne me commettrai jamais avec les ennemis de la république.

— Quoi ! pas même en vue d'obtenir la liberté? C'est préférer à sa cause l'intérêt de sa petite réputation.

— D'ailleurs, fait un troisième, si les républicains vont marchant avec les orléanistes, les légitimistes, à la conquête de la liberté, on ne se reconnaîtra plus; on ne pourra plus se compter.

Pour celui-ci, le grand point c'est de se reconnaître, de se compter, comme il dit: voilà une belle fin à la science politique!

Enfin un quatrième plus sérieux dit : « Si nous conquérons la liberté de la presse ou toute autre avec les orléanistes et les légitimistes, ce seront eux, non pas nous, qui domineront la situation. »

Qu'est-ce que cela veut dire? Que les orléanistes, ou les légitimistes donneront des ministres à l'État avant nous, républicains? Et après? vous n'en aurez pas moins de la liberté. A vous d'en user vaillamment contre vos anciens alliés; à vous d'entraîner le public plus avant. Si vous avez des raisons excellentes à faire valoir en faveur de la république, des raisons meilleures que celles de vos rivaux, vous triompherez d'eux nécessairement, et vous en triompherez, remarquez-le bien, par cette liberté que leurs efforts unis aux vôtres vous auront procurée. S'il y avait des dupes en cette affaire, s'il pouvait y en avoir, ce ne serait pas nous, républicains. Il faut qu'un principe sorte toutes ses conséquences. Nous sommes, nous, la dernière conséquence du principe libéral, c'est donc à nous que restera le dernier mot.

Vous admirez la presque unanimité de 89, vous sentez qu'à ce moment la révolution était irrésistible, et vous avez raison; les corvées, les droits féodaux, l'absolutisme royal, etc., c'étaient des abus si clairs que tout le monde, hors les intéressés, devait les voir du même œil.

Mais vous gémissez sur notre malheur d'avoir à discuter des points plus compliqués, et vous avez tort. Il y a aujourd'hui encore des points fort clairs sur lesquels tout le monde est d'accord. L'absurdité des droits féodaux n'était pas plus évidente que l'est à présent celles des lois sur le timbre, sur la presse, sur le colportage, etc.

La complication, la désunion commencent seulement dès qu'il s'agit de savoir si c'est la république ou la monarchie constitutionnelle qu'il nous faut.

La monarchie constitutionnelle est aujourd'hui aussi unanimement voulue que l'était en 89 la destruction de la féodalité. Vous êtes même à certains égards plus favorisés que vos pères : de leur temps le régime féodal existait partout, chez eux et autour d'eux, aussi loin que pouvaient s'étendre leurs regards. Ils étaient obligés de donner à tous l'exemple d'une énorme nouveauté, et ne trouvaient d'exemple pour eux nulle part. Nous, au contraire, nous sommes tout entourés d'exemples décisifs : l'Angleterre, la Belgique, la Hollande et même l'Italie. Celui qui veut se contenter du gouvernement constitutionnel a pour soi tout ce qui pense chez nous et en Europe sans exception ; il a la sympathie, l'approbation de tous les peuples ; il a pour preuves irréfutables la prospérité supérieure de tous les gouvernements constitutionnels, en un mot la raison universelle est avec lui. Le gouvernement constitutionnel, c'est la partie scientifique de la politique. J'entends par là que c'est la portion de vérité désormais acquise et hors de conteste. Je sais bien qu'il y a des gens qui se permettent de contester cette vérité, comme il y a encore des gens qui nient le mouvement de la terre, mais les uns ne font pas meilleure figure en face de l'Europe civilisée, de l'Angleterre, de la Hollande, de la Belgique, que les autres devant l'Académie des sciences. Les uns et les autres sont hors de toute classe et de tout parti sérieux; dans le monde des esprits, ils ne comptent plus.

Ainsi donc, tant qu'on ne va que jusqu'à un certain point, on rencontre en France et ailleurs une presque unanimité, pareille à celle de 1789.

Et, d'autre part, que serait-il arrivé si, en 1789, les cahiers eussent posé la question de la république? ce qui arrive encore maintenant en pareille occasion.

Assurément cette question de la république viendra, elle sera à l'ordre du jour, mais je dis qu'en ce moment elle ne doit pas y être mise, son tour n'est pas encore arrivé.

Remarquez bien, s'il vous plaît, qu'en vous proposant d'ajourner la question de la république, et de retenir la question de la liberté de la presse, de réunion et les autres, en réalité je vous propose d'ajourner un des éléments de la république, la non-hérédité du pouvoir exécutif, et de retenir d'autres éléments aussi essentiels, et plus même. Remarquez bien qu'au fond c'est encore la république dont je veux que vous vous occupiez, et vous le reconnaîtrez si vous cessez d'être dupes des mots.

J'ajoute qu'avec ces parties principales de l'institution républicaine, si vous les aviez, vous pourriez attendre la dernière partie sans être trop malheureux. Vous ne le croyez pas, vous faites fi des libertés, il vous faut la république ou rien ! C'est être bien amoureux d'un nom, permettez-moi de vous le dire ! ou plutôt c'est ignorer également ce que c'est que liberté, ce que c'est que république.

Le plus simple bon sens indique qu'il faut demander ce que tout le monde veut, c'est-à-dire la monarchie constitutionnelle, avant ce qui n'est voulu que par quelques-uns.

Ne le voyez-vous pas? les libéraux purs, ceux qui demandent les libertés sans s'occuper pour l'instant de la forme du pouvoir executif, sont si forts, si invincibles dans la position qu'ils ont prise qu'on n'ose pas les y attaquer. Je m'explique : les agents et fauteurs du pouvoir absolu pour les combattre sont obligés de leur dire : « Vous n'êtes pas des libéraux, vous n'êtes pas ce que vous prétendez être; vous rêvez sous main une révolution contre le pouvoir exécutif.» Donc de préfet ou ministre à libéral, dès qu'il est prouvé que ce dernier n'est bien vraiment qu'un libéral et point un révolutionnaire, le préfet ne sait plus que dire, tant la cause de la monarchie constitutionnelle est gagnée et bien gagnée devant l'opinion.

A chaque jour son œuvre. Celui qui prétend faire sans l'auxiliaire du temps ne sait pas ce qu'il veut faire.

Il y a dans les idées politiques une progression, un développement fatal imposé par la logique, par les formes mêmes du cerveau humain. Il faut que les hommes passent par la monarchie constitutionnelle avant d'arriver à la république.

Jetez brusquement un pays de la monarchie absolue dans la république, il n'y restera pas ; pourquoi ? parce qu'un peu de liberté est nécessaire pour rendre les hommes capables d'un peu plus, parce que la pratique du régime constitutionnel est nécessaire pour former des républicains. La république en formerait aussi à la longue. Oui ! mais elle a besoin d'en avoir tout de suite après son établissement, ou elle périt sous la multitude de ses ennemis.

Quand viendra la question de la république? Je n'en sais rien ; tout ce que je sais, c'est qu'il dépendra de nous qu'elle vienne tôt. Cela dépendra de l'usage que nous ferons de la liberté. Si la république vient tard, je crois que ce seront les républicains qui l'auront retardée, non pas seuls, mais avec tout le monde et plus que tout le monde.

Je ne dis pas que nous devions cacher notre pensée, non ! Si on nous demande : « Êtes-vous républicains ? » il faut répondre : « Nous le sommes. Vous le serez vous-même plus tard, mais pour le moment il ne s'agit pas de proclamer la république ; il s'agit de gagner sur le pouvoir telle ou telle liberté. »

Pourquoi, dira-t-on, s'amuser à demander aujourd'hui telle liberté, demain telle autre, plutôt que de viser tout de suite à la république qui nous donnerait d'un seul coup tout le reste ?

Permettez ! quelle république voulez-vous ? La république imposée ? en ce cas, vous n'avez pas, en effet, besoin du concours des autres fractions du parti libéral, vous n'avez que faire de le demander ; mais il ne faut pas compter que cette république vous donnera le reste, c'est-à-dire les libertés ; elle ne vous donnera que la dictature ou elle périra promptement. Est-ce la république consentie que vous voulez ? en ce cas, il vous faut le concours des libéraux, et vous ne l'aurez pas pour la république, tandis que vous l'aurez pour les libertés.

Vous avez à vous décider entre deux partis. Demander, réclamer la république, toujours la république, la république tout de suite, pendant dix ans, vingt ans, etc., sans rien obtenir ; ou demander avec les libéraux aujourd'hui telle liberté, demain telle autre et puis telle autre encore (et ainsi vous les obtiendrez sûrement). A vous d'user de ces libertés pour endoctriner le peuple, pour l'éclairer, et finalement demander la république avec ou sans les libéraux, mais très-probablement avec eux, et alors vous l'aurez, je le crois, et on ne vous l'ôtera plus.

Si le lendemain du 2 décembre l'union des fractions du parti libéral avait eu lieu, nous serions, j'imagine, beaucoup plus loin sur la voie qui conduit à la république.

II

J'ai entendu force gens blâmer le manifeste de la gauche (ce n'est pas que je veuille louer la gauche de tout ce qu'elle fait). «Ce programme n'est pas assez radical, disaient-ils, il n'est pas assez avancé.» Ce qui voulait dire j'imagine : «La gauche ne demande pas tout ce que nous désirons.» Or, dans ce manifeste, la gauche demande l'abolition de l'armée, la séparation de l'Église et de l'État, l'abolition des canditatures officielles, la décentralisation administrative, etc. Tout cela est bien quelque chose. Néanmoins, si le gouvernement devait accorder exactement ce qu'on lui réclame, s'il devait mesurer l'étendue de ses concessions sur celle des revendications, la gauche serait en effet impardonnable de n'avoir pas demandé plus. Mais ce n'est pas ainsi que les choses se passent. Croyez-vous que le programme de la gauche ne suffira pas à remplir la session prochaine? Soyez tranquilles, il y auarit là de quoi s'occuper trois ans et même quatre.

Qu'auriez-vous dit si la gauche avait fait une déclaration comme celle-ci : « Nous chercherons à obtenir par tous les moyens possibles l'abolition du timbre et de la loi du colportage. Jusqu'à nouvel ordre, nous porterons tous nos efforts sur ces deux points. » Eh bien ! pour mon compte, ce programme plus restreint m'aurait paru, par cela même, infiniment meilleur.

Nous sommes vraiment bien jeunes en fait de conduite politique pour croire qu'un programme compliqué et surchargé, où l'on ne s'occupe de mettre aucune progression logique dans les demandes, est tout ce qu'on peut faire de mieux. Mais non, nous ne sommes pas jeunes ! nous sommes vaniteux, et dans la politique comme ailleurs nous aimons les belles apparences, nous aimons les grands et amples programmes, bons *ad pompam et ostentationem*.

Pour trente-six raisons les grands programmes ne valent rien : 1° ils alignent une série de *desiderata* qui rien qu'à les voir vous donnent l'air d'hommes exigeants ou utopistes; 2° ils éparpillent l'attention du public qu'il faudrait concentrer sur quelques points ; 3° on ne peut pas dans ces programmes appuyer chaque article de raisonnements et de faits à l'appui, comme il le faudrait ; 4° chaque article a l'air de dépendre du tout; cela tend à faire croire à bien des gens qu'il faut avaler le tout ou n'en rien prendre ; cela dissuade de vous suivre ceux qui ne veulent pas aller si loin, ceux qui après certains points acquis croyaient ou demandaient à croire qu'ils auraient la paix ; 5° un grand programme irrite le pouvoir à qui vous remettez tout d'un coup sous les yeux l'étendue de vos désirs, et le décourage de rien accorder ; 6° enfin en offrant à son propre parti et aux autres un grand nombre de points divers, on offre réellement autant de motifs de discord. Ceux qui vous suivraient pour une chose vous quitteront pour une autre. En étendant vos programmes un peu plus encore, il arriverait que, à part leurs auteurs, personne ne voudrait les signer.

En un mot, les grands programmes sont faits pour désunir et les programmes bornés bons pour rallier. Mais quoi ! il n'est pas sûr qu'au fond nous n'aimions pas ce qui désunit, sépare, parce que cela distingue.

Il faut prendre le système tout opposé; il faut se priver des grands programmes. Il faut ne poursuivre à la fois qu'une réforme ou deux au plus.

Descartes disait : « Divisez les difficultés pour les résoudre. » Appliquez à la politique la méthode de Descartes, divisez le champ de bataille en cantons, que vous attaquerez un à un et enlèverez successivement.

Je vous parlais de Descartes, c'était un philosophe peu pratique peut-être; mais savez-vous ce que font les boxeurs anglais? Quand un boxeur a atteint une fois son adversaire en quelque endroit, c'est là qu'il refrappe, et rien que là s'il peut. Et vous, si vous voulez faire lâcher prise à un gouvernement, battez-le et rebattez-le sans cesse sur un même point ou aux environs.

III

Il faudrait encore porter son attention et son étude sur une question fort importante, celle de savoir quelles réformes doivent être attaquées d'abord, et quelles en dernier lieu.

Il me semble qu'il n'est pas besoin d'un grand

effort de logique pour trouver dans quel ordre successif les questions doivent être abordées.

Il est clair que nous devons viser d'abord les choses qui sont des moyens pour acquérir les autres, qui sont des outils ou si vous voulez des armes. Je mettrai donc :

1° La liberté de réunion qui doit initier à la politique les hommes illettrés, trop ignorants, ou trop pauvres ou (ce qui est encore plus fréquent) trop paresseux d'esprit pour lire les journaux. Sur ces natures passionnées et inappliquées la parole agit bien autrement que le journal. C'est bien autrement facile d'écouter que de lire ; puis l'orateur est là qui développe, répète, réplique, se passionne et gesticule : cela est plus clair et n'est pas aussi froid qu'un article ;

2° L'abolition du timbre qui permettra de mettre le journal à bas prix. Le timbre seul suffirait à empêcher le peuple de s'instruire de ses affaires ;

3° L'abolition de la loi sur le colportage. Cette loi empêche qu'on fasse des petits livres pour les campagnes, c'est l'obstacle capital entre les paysans et nous ; sans elle on pourrait inonder le pays de quelques comptes rendus brefs et clairs qui mettraient le paysan en garde contre les expéditions du Mexique et autres du même genre.

Après avoir emporté ces moyens de former l'opinion, nous poursuivrons les réformes qui permettront à l'opinion de se traduire librement en votes. Nous demanderons :

1° Une loi qui fixe irrévocablement les circonscriptions électorales. Je n'ai pas besoin, je pense, de démontrer l'urgence de cette loi : c'est chose faite, le gouvernement actuel s'en est chargé ;

2° La nomination des maires par le suffrage universel ;

3° L'abolition de l'article 75 ;

4° L'abolition du serment provisoire.

Ces points acquis, il sera inutile de demander l'abolition des candidatures officielles ; elles seront tombées, faute de bases.

Nous voilà libres de saisir le pays de toutes les questions : voilà le pays maître de décider par ses votes. A présent de quelle question saisirons-nous le pays ? nous n'en manquons pas, mais il faut choisir d'abord celles qui sont de nature à l'intéresser.

Il me paraît que ce sont sans conteste celles qui touchent à l'organisation de l'armée, et au droit de guerre. Si vous voulez remuer ces masses agricoles où gît inconsciente la force du nombre et que jamais vos discours n'ont encore pu émouvoir, vous n'avez qu'une chose à faire, mettre en avant :

1° L'abolition du tirage au sort ;

2° Le remplacement de l'armée par les gardes nationales mobiles.

Ce qui introduit aussitôt la question du droit de guerre et de paix. Le pays alors sera attentif jusqu'au dernier homme quand nous demanderons :

1° Le droit de faire la paix et la guerre attribué à l'assemblée, et si les choses ne pressent pas trop à une assemblée spécialement élue pour cela. Et puis après? Après, la réforme dont l'idée a le plus de chance, je crois, d'être accueillie par le peuple : c'est une organisation communale qui laisse les membres de la commune absolument maîtres dans la gestion des intérêts purement communaux... Ce qu'on appelle d'un mot la décentralisation.

Puis viendront : 1° l'élection des juges élus au suffrage universel. Le morceau paraîtra peut-être trop gros pour passer tout entier. En ce cas nous demanderons d'abord l'élection des juges de paix.

2° La séparation de l'Église et de l'État. Cette énorme pièce devra probablement aussi être divisée en plusieurs parties, qu'on enlèvera successivement. On demandera :

1° L'abolition des priviléges du clergé et des corporations en même temps que l'abolition des restrictions qui les gênent;

2° L'abolition du délit d'outrage à la morale religieuse ;

3° L'abolition du salariat des ministres du culte, par voie d'extinction.

Quand tout cela sera accompli, vous serez en

république de fait, vous aurez de la république tout l'essentiel. Que vous manquera-t-il en effet? ou plutôt qu'y aura-t-il de plus dans cet état? il y aura de plus une institution illogique, je le déclare avec plaisir, très-peu raisonnable, mais de bien peu d'effet soit en bien, soit en mal : l'hérédité du pouvoir exécutif. Que pèse en effet l'hérédité du pouvoir exécutif, là où le roi, chef purement nominal, règne sans gouverner, reçoit de la Chambre les vrais gouvernants, qui ne font encore qu'exécuter ce que la Chambre a voulu? Je ne dis pas que je n'aime pas mieux un président; mais je dis qu'on a tort de placer au premier rang des *desiderata* cette réforme secondaire qui n'égale pas en importance réelle la liberté de la presse, pour prendre un exemple. Je ne connais pas, soit dit en passant, un seul livre, un seul article de journal où ces esprits, tant convaincus de l'importance capitale de la forme républicaine, aient pris à tâche de la démontrer. Si ces messieurs voulaient bien mettre un peu de complaisance à me persuader, moi et assez d'autres qui pensent comme moi, je leur indiquerais volontiers le vrai point de la question. Le voici formulé brièvement : Montrer quels avantages de premier ordre (car pour des avantages secondaires, je ne dis pas qu'il n'y en ait pas) la France verrait se produire, le jour où on remplacerait, par un président électif, un roi héréditaire n'ayant d'ailleurs ni armée, ni magistrature, ni clergé à ses ordres, ni droit de paix et de guerre, et gouvernant par des ministres responsables, avec la liberté illimitée de la presse et du droit de réunion? voilà la question posée; j'attendrai patiemment la démonstration que je désire.

Pour qu'on ne se méprenne pas cependant sur ma pensée, j'ai dit et je répète que je vois des avantages secondaires à être en république. D'abord le mot, le nom n'est pas tout à fait indifférent; celui de république réveille des souvenirs plus sains, plus vivifiants qu'un autre.

Puis, n'est-ce rien que de vivre dans un état où toutes les pièces sont également consenties par l'esprit, comme plus logiques, plus concordantes? N'est-ce rien que de mettre la réalité d'accord avec le type de raison qu'on porte dans l'esprit? Enfin, considération capitale, cette pièce dernière garantit un peu plus la durée du reste de l'édifice.

Donc on poserait à la fin la question de la république [1].

1. La république établie, ce ne serait pas encore fini. Ce ne serait que le commencement. Un jour, quand nous traiterons de la question sociale, nous verrons si le gouvernement républicain manquerait de besogne.

IV

Dès qu'on admet que le gouvernement doit être fondé sur la volonté générale, il se trouve que l'art du politique est pour une bonne part le même que l'art de l'orateur. Pour l'un comme pour l'autre il s'agit de convaincre et d'entraîner.

Or les principes de l'art oratoire sont connus depuis deux mille ans. Pour les établir il n'a fallu qu'observer un peu la nature humaine, qui n'a pas changé depuis le temps de Démosthène et d'Isocrate; pour les vérifier, chacun n'a donc qu'à s'observer soi-même avec quelque attention.

On sait depuis deux mille ans et plus que pour convaincre, il faut avoir ou il faut affecter (mais avoir est plus sûr) certaines mœurs. Il faut montrer qu'on cherche la vérité, même désagréable, et qu'on veut la justice, même contre soi; si vous n'avez pas cette disposition, donnez lieu de croire au moins que vous l'éprouvez, et pour cela certaines habitudes sont d'abord nécessaires; ce sont: la modération du langage à l'égard de l'adversaire, le ton de l'impartialité à l'égard de soi-même.

On ne peut pas avoir raison en tout: il est dans

la nature de se tromper. Le public le sait, il pardonne assez aisément l'erreur involontaire. Ce qu'il ne pardonne pas, c'est un parti pris visible; c'est une contradiction systématique, et une erreur voulue.

Les hommes indifférents ou neutres ou indécis (toujours beaucoup plus nombreux qu'on ne croit) ne sympathisent pas avec un sentiment trop vif parce qu'il est trop éloigné de l'état de calme où ils sont eux-mêmes. Un homme qui vient vous exposer avec passion sa cause ou son opinion, vous glace d'autant plus qu'il est plus chaud, et vous prévient contre lui, parce qu'il vous donne lieu de penser que sa passion l'aveugle plus ou moins ; s'il a évidemment raison, vous trouverez qu'il a au moins le tort de ne pas avoir raison de la bonne manière.

L'expression de la colère la plus légitime rebute bientôt les auditeurs. La plainte la mieux fondée les fatigue en peu de temps. On peut déplorer que la nature humaine soit ainsi faite; mais il est difficile de la changer.

Voulez-vous qu'on sympathise avec vos affections? n'en exprimez que le quart au plus.

Plaider violemment une cause est souvent chose excellente pour l'avocat qui brille d'autant, mais toujours fâcheuse pour la cause. Les avocats violents sont généralement des égoïstes qui se moquent de leur cause, et ne prennent au sérieux que leur réputation. Que de procès au palais et ailleurs ont été gagnés par une partie pour la partie adverse.

Quant à l'injure, à l'expression blessante, outrageante, elle est bonne pour les deux parties, mais d'une manière différente. Rien n'égale le contentement, la satisfaction, le sentiment de plénitude et de bien-être de la partie qui s'est, par l'injure, déchargée de sa fureur ou de son orgueil, elle ne s'aperçoit même pas qu'elle vient d'assurer le triomphe de l'autre partie — à moins que cette dernière ne se hâte d'effacer les torts de l'autre par ses propres torts, comme il arrive souvent.

Hélas! à cet égard il nous faut revenir de loin: Nous prenons la violence pour la force, et, parce qu'elles flattent nos ressentiments, nous admirons certaines œuvres, articles où livres, que nos ennemis devraient payer cher.

Qu'importe? direz-vous. Est-ce qu'en discutant de quelque manière que ce soit on ramène jamais personne?

A votre compte donc jamais aucun changement ne se serait opéré dans le monde, sinon par la force. Il n'y aurait pas d'exemple dans l'histoire d'aucun temps, d'aucun pays, qu'une opinion régnante eût cessé de régner, pour faire place à l'opinion contraire, qu'une mesure repoussée par le public eût été ensuite adoptée par lui? Car il faut que vous alliez jusqu'à soutenir cela : le voulez-vous soutenir? Je me charge de vous prouver au contraire que le monde est plein de ces revirements. Il faut donc bien que non-seulement quelques-uns mais beaucoup se soient laissés ramener. — « Ce ne sont pas les bonnes raisons qui ont fait ces changements. » Je serais de votre avis si vous disiez : ce ne sont pas les bonnes raisons qui agissent seules. Le caractère ostensible de ceux qui les présentent influe singulièrement en effet. L'air de modération, d'équité, de sagesse y fait peut-être autant que la chanson, et c'est justement ce que je me tue de vous dire depuis le commencement de ce chapitre.

Jamais les violents ne changèrent l'opinion du monde et jamais ils ne la changeront : cela est contre nature.

J'ai raisonné, bien entendu, dans la supposition d'un parti politique qui veut gouverner par la volonté générale. Ce chapitre-ci ne regarde en rien celui qui veut gouverner par la force brutale.

V

Ce n'est pas tout de convaincre cependant, si les hommes que l'on a convaincus se taisent. Une conviction muette est comme si elle n'existait pas.

Amener tous les partisans d'une mesure, fût-ce les plus paresseux, les plus tièdes, à la réclamer publiquement, à la réclamer à grands cris, aujourd'hui, demain et toujours jusqu'à concession ; lier tous ces hommes entre eux, les discipliner, former de leurs voix confuses un concert, un *tolle* formidable, qui aille *crescendo* et qui à la fin emporte tous les mauvais vouloirs, toutes les résistances, c'est la seconde partie de l'art du politique, qui s'appelle proprement l'*art de l'agitation*.

Chez nous on n'entend rien à cet art-là, et puis on le trouve fatigant. On estime plus commode d'avancer par un de ces sauts brusques qu'on appelle une révolution.

Les révolutions se font par un très-petit nombre d'hommes ; très-petit même en comparaison du nombre des soi-disant révolutionnaires. Elles établissent les institutions désirées, en sorte qu'après comme avant, la plupart n'ont eu que la peine de regarder faire. Il est vrai qu'au bout de quelque temps ces institutions nous sont peu à peu retirées; et il faut refaire une révolution — toujours inutile.

Cela s'explique. Il faudrait, pour conserver ce que la force nous a acquis, cette constance, cette activité, ce savoir faire dont nous avons prétendu nous dispenser, au moyen de la révolution.

Notre histoire, à nous Français, démontre cette vérité avec toute la clarté désirable assurément.

Cependant, après tant de révolutions infécondes nous en sommes encore à croire que les révolutions seules sont efficaces. Beaucoup voient les choses d'un œil si matériel qu'ils diraient volontiers : « Quoi ! vous pensez qu'on puisse modifier, changer quelque chose à notre édifice politique, sans coups de fusil, sans coups de sabre, enfin sans un choc physique? » Allez donc un peu vivre en Amérique ou seulement en Angleterre ! Là comme ici, il s'est trouvé parfois des ministres, des parlements qui ne voulaient pas de certaines innovations désirées par le plus grand nombre ; car nous n'avons pas en France le monopole de ces sortes de gens, ce serait une grande erreur de le croire. Les anglais vous diront comment sans coups de fusil, ni coups de sabre, on amène les gouvernants à accorder ce qu'ils auraient la plus grande envie de retenir.

Ne pourrions-nous pas pratiquer cet art aussi

bien que les Anglais? Il n'y aurait, je crois, qu'à le vouloir. Il n'est pas extrêmement difficile d'abord d'en trouver, par la raison, la théorie élémentaire.

Comment dans un ménage la femme obtient-elle de son mari plus robuste, plus fort qu'elle au sens physique, la chose qu'elle désire? en la demandant sans cesse, et ne demandant que celle-là, quitte à recommencer après pour autre chose. La nation n'est pas une femme, je le sais, et je n'entends faire qu'une comparaison partielle.

Ce que je veux dire, c'est qu'une nation obtient la réforme qu'elle désire quand elle la veut bien, c'est-à-dire opiniâtrément, et exclusivement ou à peu près.

Le premier principe, c'est donc de ne poursuivre qu'une réforme à la fois, je l'ai déjà dit, mais il est bon de le répéter, et de la poursuivre jusqu'à obtention.

C'est aux journalistes, aux députés, aux orateurs, aux hommes politiques qu'il appartient de susciter et de maintenir le vouloir général. A eux de renouveler à chaque instant la question, de la rajeunir; à eux de la présenter sous tous ses aspects, afin que chacun y voie un côté qui l'intéresse; de trouver dans tout une occasion de récidive; de savoir parler à tous en général, et à chaque classe, à chaque profession en particulier. A eux de faire succéder les brochures aux articles, les livres aux brochures, de former des réunions, de provoquer des pétitions, des souscriptions, des ligues, de mettre les hommes connus en demeure de s'expliquer, de faire venir à la rescousse la presse étrangère et les grands personnages même des nations voisines, de lasser, enfin, d'excéder par le bruit, par le train, par le scandale les augustes ou puissantes oreilles de qui détient la chose désirée.

Si on faisait pour telle des libertés indispensables, la même réclame qu'on sait faire pour un produit pharmaceutique ou pour un roman, vous verriez ce qui en adviendrait.

Et quand on croit le train fini, il faut le recommencer de plus belle ; ou si décidément le pouvoir piqué paraît vouloir se buter invinciblement, alors, mais alors seulement, on prend une autre thèse, et on relève pour celle-là l'agitation prête à tomber. Il arrivera souvent que le pouvoir cédera sur le second point avec promptitude, fatigué qu'il sera par sa résistance sur le premier ; et ainsi une campagne, dirigée contre un obstacle, en aura fait tomber un autre à côté.

Je dirai plus : il y a des choses qu'on peut prendre sans les demander, il faut les prendre. Il y a des lois qu'on peut violer sans en demander la permission, et dans certains cas il faut les violer.

Exemple du premier cas : le pouvoir nous a donné une certaine liberté de réunion, qui n'allait pas jusqu'aux réunions politiques. Cependant, à Paris[1], on forme chaque jour des réunions privées, très-nombreuses, où l'on n'agite que des questions politiques. Notez que ces réunions privées sont, par bien des raisons, supérieures aux réunions publiques; on y arrive à plus d'entente, de discipline, à plus de suite et d'ordre dans les discussions. Ainsi, en fait, on a à Paris la liberté de se réunir, et on l'a parce qu'on l'a prise. Mais en province on ne l'a pas prise encore, ou du moins cela n'est arrivé que dans quelques grandes villes. Ce n'est pas assez. Vous demandez toujours que la Gauche agisse au lieu de tant parler, mais vous n'indiquez pas les actes que vous désirez lui voir faire. En voilà un. D'ici à quelques mois, l'habitude des réunions privées politiques devrait être contractée, grâce aux efforts de la Gauche, dans toutes les villes de France, petites et grandes; après quoi, on passerait aux bourgs et aux villages.

1. A ma connaissance, l'habitude dont je parle n'existe que dans la 6e circonscription; en tout cas elle n'existe pas dans toutes les circonscriptions. D'où vient cela? C'est que les chefs de bande aiment mieux écrire de brillantes invectives que de dresser obscurément leurs hommes à la pratique de la liberté. Si, depuis quelques mois, nous avions fait ce que des Anglais n'auraient pas manqué de faire à notre place, l'habitude des réunions privées politiques serait si générale, qu'un retour offensif du pouvoir, toujours imminent, arriverait trop tard, dès à présent, et ne pourrait nous faire reculer.

Je viens au second cas dont j'ai parlé.

Quand le pouvoir s'acharne à maintenir une loi injuste qui blesse réellement le droit individuel, on est autorisé à violer la loi, et il est bon qu'on la viole. Mais il faut savoir le faire, il faut savoir s'exposer de parti pris à l'amende et à la prison. Si vous voulez déclamer, vous poser en martyr ou en héros, vous ferez mieux de rester tranquille. Ces choses-là doivent être accomplies avec gravité. La prison et l'amende doivent être affrontées et subies avec la plus parfaite simplicité. Moins vous direz que vous êtes victime, et plus le public le dira. Rien n'use un pouvoir comme un condamné qui sait se tenir.

Autre observation : Si vous débutez par violer la loi, vous vous mettrez dans votre tort ; mais si vous le faites tout à la fin, et comme par un excès de conviction, après avoir donné vos raisons avec patience et surabondance, ce sera d'un effet très-frappant, pourvu que vous montriez un caractère sérieux. Il y a toujours en commençant un préjugé défavorable dans le public contre le violateur des lois, mais un caractère estimé qu'il verra se mettre dans cette position fera réfléchir le public.

Je sens qu'il faut que moi-même je justifie ma théorie de la violation systématique d'une loi. Voyons d'abord au point de vue du droit. Est-ce que le pouvoir législatif ne peut pas abuser, porter une loi inique? Cela s'est vu plus d'une fois. Est-il permis de résister à l'injustice? C'est plus que permis, c'est commandé; et quand l'injustice vient du législateur, la résistance est dix fois plus louable. Elle l'est cent fois plus quand le législateur est poussé par le grand nombre qui veut écraser le petit. Mais faut-il prendre son fusil tout de suite et s'insurger? C'est la ressource extrême, et qui n'est justifiable que quand vraiment il n'y en a pas d'autre. Au lieu de s'insurger, il est cent fois préférable, par diverses raisons, de violer la loi injuste [1]. L'insurrection fait couler le sang; elle bouleverse tout; elle remplace momentanément l'état de société par l'état sauvage. Réaction violente contre l'injustice, elle dépasse le point d'équilibre

1. J'en dirai autant du refus de l'impôt. Il rompt le pacte social, aussi bien que l'insurrection. Il faut que la situation soit intolérable pour justifier cette résolution, qui est faite pour précéder immédiatement l'insurrection, si toutefois elle ne la rend pas inutile, ce qui n'arrive guère. A cet égard j'ai changé d'idée. L'an dernier, lésé dans mes intérêts, dans mon droit par la commission du colportage, j'ai voulu refuser l'impôt, et je l'ai refusé en effet. Je dirai sans entrer dans des détails inutiles qu'un ami, durant mon absence, a payé pour ne pas voir ma porte enfoncée par le fisc. Il me semble à présent que j'avais tort. Le refus de l'impôt n'était pas la réplique exacte à l'aggression des policiers contre mon droit. L'administration m'empêchait de vendre mon livre *Mes droits* sur la voie publique, en vertu de la loi du colportage. Je n'avais qu'une chose à faire, violer cette loi et aller vendre moi-même mon livre dans les rues. Nous verrons pour l'avenir s'il y a lieu de donner cet exemple.

et va dans l'injustice opposée. On n'en peut pas restreindre les sévices à ceux-là qui les ont mérités, ni en mesurer la portée et les suites. Elle est, quoi qu'on fasse, un exemple dangereux que de mauvais esprits imiteront à tort. Presque toutes les révolutions justes ont été suivies d'émeutes injustes. La violation de la loi répond exactement à la violation du droit commise par le législateur. Elle ne trouble pas l'ordre; elle laisse la société suivre tranquillement sa marche. Aujourd'hui je viole la loi, vous en faites autant demain, et puis un troisième, ainsi de suite. Les tribunaux me condamnent, puis vous, puis les autres; chaque condamnation use la mauvaise loi. S'il y a assez de citoyens pour se faire condamner ainsi, soyez sûrs que bientôt les tribunaux condamneront légèrement, puis pas du tout, et que finalement la loi sera abrogée ou au moins abandonnée ; — « mais il n'y aura jamais assez de citoyens de cette trempe. » — Hé bien! croyez-moi, dans un pays où il ne se trouve pas assez de gens pour résister pacifiquement à l'injustice ce n'est pas la peine de résister par les armes; car ce qu'on gagne par la violence ne se conserve que par la fermeté; et si vous êtes capable de conserver par les voies paisibles, vous l'êtes également de conquérir.

« Voyez, en France, jamais l'idée de refuser l'impôt n'a fait fortune. »

Voyez, en France, jamais on n'a su garder ce qu'on avait acquis par l'insurrection.

Je reviens à ma thèse. La violation systématique des lois n'a rien de subversif. En général les partisans des résistances légales en France s'inclinent devant la volonté du législateur, qui n'est que le représentant du grand nombre ; c'est s'incliner trop tôt. Le grand nombre est obligé envers l'individu, par le pacte social même, à respecter certains droits ; s'il les blesse, l'individu peut le rappeler à ses devoirs en désobéissant à la loi. Le pacte social n'est pas rompu pour cela ; savez-vous où commencerait la rupture du pacte, et la subversion de l'état social ? ce serait à ne pas s'incliner devant l'arrêt des juges. Le pouvoir judiciaire est le pouvoir suprême et dernier. Celui qui le méconnaît se met en dehors de la société : cela s'explique aisément. La première condition qu'accepte l'homme social nécessairement, et qui seule permet de se réunir, de vivre côte à côte, c'est celle-ci : Nul dans une affaire où il est intéressé ne s'en croira lui-même, il s'en rapportera à un arbitre ou à un juge, ce qui est tout un.

L'individu qui résiste à une loi injuste, à ses yeux, est dans son droit ; tant qu'il n'a en face de lui que le législateur, prétendant que sa loi est juste. L'affirmation du législateur ne vaut pas plus que celle de l'individu ; il est partie, comme l'individu.

Mais quand la question a été déférée à un tiers-arbitre qui est le juge, et quand ce tiers a dit à l'individu : « vous vous trompez ; il n'y a pas d'injustice, » il faut que l'individu se soumette ou il est insociable, parce qu'il n'en veut croire que lui.

Mais le juge est juge du législateur aussi. Il doit pouvoir lui dire : « Le violateur est dans son droit. Je ne le condamnerai pas. » En Amérique cela se passe ainsi. J'ai montré les raisons abstraites qui justifient cette théorie. Voyons les résultats pratiques. Dans le législateur l'injustice est extrêmement pernicieuse; une mauvaise loi s'étendant sur tous, blesse sur les divers points du pays une multitude d'individus. Il faut une limite. Ce sera le corps judiciaire. Qu'un juge, puis deux, puis trois, puis plus se mettent à absoudre les violateurs, certainement le législateur retirera sa loi, ou le corps entier des juges, considérant bientôt la loi comme non avenue, ce sera comme si le législateur s'était amendé lui-même. Une tyrannie si dangereuse, si puissante que celle de la loi aura été abattue sans effusion de sang, sans commotion, même sans collision éclatante entre les deux pouvoirs, car les juges n'ont décidé chaque fois que pour un cas particulier, tandis que le législateur avait donné un ordre général.

Voilà le point extrême de la résistance légale. On

peut aller jusque-là, et il faut savoir aller parfois jusque-là à ses risques et périls.

Maintenant il est sûr qu'en France une condition essentielle manque au corps judiciaire pour remplir cette fonction si éminemment utile de protéger l'individu en la société contre la tyrannie de la loi, la société contre l'insurrection de l'individu, en ôtant à celui-ci tout motif légitime de s'insurger : cette condition, c'est que les juges soient élus.

La raison dit qu'un juge, qui n'est après tout qu'un arbitre, a plus besoin encore d'être élu directement par les justiciables qu'aucun autre dépositaire des pouvoirs publics.

En attendant que les juges soient élus, je pense qu'il faut agir comme s'ils l'étaient. Ne pas se soumettre à leurs sentences ce serait autant faire que de s'insurger.

VI

Je terminerai par quelques mots à l'adresse de ceux de mes lecteurs républicains qui sont à bout de patience et dont j'entends d'ici les objurgations.

« Quoi ! me disent-ils, vous êtes républicain, et

vous renvoyez la république aux calendes grecques. Ce n'est donc pas pour vous que vous aimez la république, c'est pour vos petits-fils ou arrière-petits-fils. Vous êtes bien heureux d'être si patient, etc., etc. » Je leur dirai à mon tour :

Vous ne voulez pas gagner la république, la conquérir pièce à pièce? Non. C'est bien décidé, bien résolu? Alors dites-moi un peu ce que vous voulez faire.

Voyons ceux d'abord qui veulent avoir la république tout d'une fois par un coup de force. Je reconnais qu'en cela ils ont au moins une idée nette. Ce qu'ils veulent n'est ni juste ni sage, à mon avis; mais enfin ils savent ce qu'ils veulent, et tout le monde n'en est pas là, comme nous le dirons tout à l'heure. — Hé bien! vous qui vous révoltez à la pensée d'attendre quelques années encore l'avénement de la république, vous les impatients, les imminents, savez-vous depuis combien de temps vous nous faites attendre? Voilà dix-huit ans, citoyens, dix-huit ans que votre coup d'audace est promis et qu'il n'arrive pas. Êtes-vous au moins sur le point d'agir? Non pas du tout. Pouvez-vous nous fixer à peu près l'époque où vous agirez? Pas davantage. Voyez-vous un terme à votre inactivité? Pas plus. Est-ce une occasion que vous attendez? Depuis dix-huit ans, n'est-il survenu aucune occasion? Pouvez-vous nous garantir qu'il s'en présentera à l'avenir d'autres et plus propices, que vous ne laisserez point échapper? Tenez, savez-vous au fond ce que vous attendez? que la nation décidément ne veuille plus de l'empire; mais c'est justement ce que j'attends moi-même ! seulement, moi, je vous propose de travailler à l'événement; et vous, vous voulez attendre sans rien faire : voilà la différence.

Ah! si dès le lendemain du 2 décembre nous n'avions pas tous compté sur un événement brusque, soudain (sans trop savoir lequel) pour nous débarrasser de l'empire; si, convaincus qu'on n'a que l'avenir qu'on fait soi-même, nous nous étions mis tranquillement à l'ouvrage, nous serions déjà loin, je pense. Ne venez donc plus nous endormir avec vos promesses d'insurrection; car savez-vous la vérité? au fond c'est vous qui êtes les endormeurs.

A présent je viens à vous autres qui ne voulez pas conquérir la république à la pointe de l'épée, qui ne voulez pas de l'émeute, cette vieillerie, mais qui ne voulez non plus de l'opposition parlementaire, de l'agitation légale, et je vous dis : que voulez-vous donc, et comment prétendez-vous agir? — « Mais il n'y a rien à faire, l'empire s'en va, c'est visible, il agonise, il n'y a qu'à le laisser mourir. » Autrement dit, vous proposez d'attendre comme moi, mais sans rien faire. Quelle illusion est la vôtre! Je n'en connais pas de plus naïve. Est-ce que les gouvernements meurent sans qu'on les tue? Est-ce qu'ils s'en vont sans qu'on les expulse? Qui ne fait rien n'a rien, surtout en politique.

Il n'y a que deux manières de vaincre : par la force ou par la persuasion. Quand vous écrivez un article, un livre, quand vous prononcez un discours, ou que vous faites une démarche, un acte quelconque, demandez-vous, suivant que vous voulez établir la république par l'émeute ou par le consentement général, demandez-vous en quoi le discours, l'écrit ou l'acte en question peut avancer soit la bataille, soit le moment de la conversion générale. Un peu de réflexion vous fera sentir l'inanité absolue d'une foule d'actes et de paroles.

A quoi tend cet article injurieux pour le chef de l'État? Et cet autre qui déconsidère tel ministre? Et ce troisième rempli de personnalités mordantes? Ils tendent à faire peine à quelques personnes. J'admets qu'ils aient tout le succès souhaité, qu'ils blessent, déchirent à la manière d'une épingle ou même d'un couteau. Qu'importe à notre cause? comment s'en trouverait-elle plus avancée? Des articles de ce genre ne convertissent personne, au contraire. Mais peut-être ont-ils plus d'efficacité pour porter certaines gens à descendre dans la rue et à risquer leur vie? Pas davantage. Ils auraient plutôt l'effet opposé, car ils sont une manière de dérivatif pour la colère, tant des écrivains que de leurs copartisans; et comme ils procurent aux uns et aux autres une certaine satisfaction, ils leur donnent aussi une certaine patience. D'ailleurs on est bientôt fait au langage le plus vif. Une fois montés sur un ton, que ce ton soit haut ou bas, les hommes n'y prennent plus garde. Habituez-vous à beaucoup de poivre, ce sera pour le palais comme au temps où vous étiez habitués à peu.

A quoi peut servir ce système adopté par tel journal de toujours répéter au gouvernement : « Vous avez eu tort, vous avez mal fait. Votre succès n'est qu'un succès apparent; la liberté que vous nous donnez n'est pas une vraie liberté, » etc., si en réalité le gouvernement a bien fait, s'il a eu un succès réel, ou que la liberté rendue se trouve être sérieuse? En un mot, à quoi sert que le journal parle contre la vérité sciemment, systématiquement? Le journal espère-t-il tromper sur la nature véritable des actes en question les adversaires ou même seulement les indécis, les neutres? Il ne trompera personne, il ne trahira que son parti pris. Le seul effet produit par ce journal sera d'avoir fait plaisir à ceux qui d'avance étaient de son avis. Le journal est très-bien conçu pour ceux-là, très-mal pour tous les autres. Quant à préparer soit la bataille, soit le vote, il en est bien incapable.

A quoi sert encore, je vous prie, de semer des inquiétudes, des alarmes; de faire des manifestations qui arrêtent le cours des transactions, des affaires? A créer des embarras au gouvernement, à ce qu'on dit. J'avoue que je ne comprends pas ce que cela signifie; si le résultat voulu est de faire passer quelques mauvaises heures aux gouvernants, je trouve cela puéril. Si l'on a en vue de créer des souffrances, des malaises dans certaines classes, avec l'espoir que leur excitation se tournera contre le gouvernement, je pense d'abord que c'est malhonnête, et secondement que c'est maladroit.

Ces entrepreneurs de misères sont comme les souhaiteurs de désastres, bons à fouetter en place publique. J'ai lâché le mot, et je ne m'en dédis pas, car les maux préparés ou souhaités seront certains, et il n'est jamais sûr que le peuple y rémédiera par une révolte heureuse.

Je ne comprends pas davantage ces gens qui vont louant un article injurieux, outrageux en disant: « Cela hausse le ton de la polémique. » Cette erreur est au moins inoffensive, mais elle est presque plaisante. Et quand vous porteriez le ton de la polémique aux notes les plus aiguës, il n'en serait ni plus ni moins. Nous ne sommes plus au temps où le son de certaines trompettes avaient le pouvoir de jeter bas les corps solides.

Je ne comprends qu'une tactique, c'est d'être juste et véridique, même contre soi, ou au moins de faire ses efforts pour toujours l'être. C'est de laisser là toute intention mesquine de blesser, d'humilier, fût-ce nos plus cruels ennemis; et celle plus mesquine encore de flatter la mauvaise humeur ou la colère de nos copartisans; c'est de ne jamais relever une faute, signaler un dommage ou un désastre, sans avoir devant les yeux la loi injuste, l'institution mauvaise, causes de ces malheurs, sans montrer les rapports entre les causes et les effets. C'est de ne critiquer, de ne blâmer que dans la mesure et de la manière voulue pour discréditer, pour ruiner les causes. C'est, en un mot, de ne pas s'occuper des personnes et de ne viser que les choses. En agissant ainsi, on se rend compte à chaque instant de ses progrès, on voit si l'on marche, si l'on s'approche.

Le public aussi voit clairement où vous tendez. Il n'a pas de fausse appréciation, ni de crainte chimérique. Vous avez tout au moins à ses yeux l'air de la franchise et de la logique. Demandez-moi pourquoi je fais cet article contre le timbre; c'est pour avoir les journaux à bon marché. Pourquoi je veux les journaux à bon marché? C'est afin de pouvoir arriver jusqu'au paysan. Pourquoi je veux parler au paysan? C'est parce qu'il est la force souveraine du nombre; parce qu'il remet cette force entre des mains qui en abusent contre ses propres intérêts, parce que je veux le lui prouver et le conduire à ne prêter plus sa force qu'à bon escient. Voilà une marche assurée, graduée et continue jusqu'au but bien déterminé. Quiconque ne vous suit pas de ses vœux ne peut s'empêcher au moins de vous suivre de ses regards.

Avec le système du mécontentement fixe et du mépris parfait vous ne faites rien, vous n'avancez pas; c'est irritant pour vous, c'est monotone et assommant pour les autres. Ce piétinement violent toujours à la même place, pourrait durer cent ans et plus, sans aucun effet.

Je le repète une troisième fois, ou l'émeute (c'est un parti absurde, mais enfin c'est un parti) ou l'invasion légale, étudiée, refléchie, arrêtée d'avance, avec des étapes choisies; mais plus de cette opposition sans objectif, sans dessein, surtout sans mesure.

Ce n'est pas faire de la politique que de satisfaire uniquement ses nerfs et ceux de ses amis. Vous qui croyez être des politiques, des polémistes, et qui parlez toujours tournés vers vos amis, vos partisans, ne parlez qu'à eux, ne parlez que pour eux; retournez-vous un peu, s'il vous plaît. Vous n'êtes pas dans la bonne méthode; regardez les adversaires et les neutres, c'est à eux qu'il faut s'adresser, qu'il faut parler (sans vous soucier davantage de vos amis), c'est sur eux, sur leur caractère qu'il faut régler la manière et le ton de votre langage, car ce sont eux qui décideront de notre cause: l'avenir de chaque minorité est nécessairement entre les mains, non des hommes qu'elle a, mais des hommes qu'elle n'a pas encore.

La violence du langage, les insultes, les outrages sont un baume pour celui qui les dit, et pour ceux encore qui appartiennent au même parti. Elles les déchargent un instant du poids fatigant de la colère et de la haine. Ce serait donc la meilleure méthode d'exposer ses opinions, de défendre sa cause, s'il s'agissait seulement de se procurer à soi-même une espèce de triomphe imaginaire et tout intérieur sur ses ennemis; mais pour le but réel qui est de préparer le triomphe effectif de ses idées, c'est autre chose. Autant les violences de langage flattent les coreligionnaires, autant elles rebutent tous les autres hommes; non-seulement elles rendent les adversaires plus opiniâtres, mais elles éloignent les indécis, les neutres, les indifférents, toujours plus nombreux que l'on ne pense, et les nouveaux venus, les hommes jeunes, encore sans parti pris: cet effet est incontestable.

Toutes les passions contre des hommes, la haine,

la colère, etc., sont par leur nature antipathiques. L'expression de ces passions rebute, à moins qu'on n'ait déjà les mêmes intérêts ou les mêmes motifs de se passionner.

Ces vérités psychologiques expliquent très-bien le fait qui se produit tous les jours au sein des partis politiques, et plus souvent encore dans le parti républicain que dans tout autre. Un membre du parti s'exprime-t-il avec modération, avec ménagement, l'effet est différend auprès des siens et auprès des étrangers. Ceux-ci le louent, le félicitent et souvent lui renvoient en échange des concessions; mais les siens le mettent en suspicion ou en jugement et le condamnent, au moment même qu'il rend service au parti. On dirait qu'ils ne veulent pas qu'on avance la cause commune; et il y a cela de vrai, qu'ils n'y tiennent pas au fond. Ce qu'ils veulent, ce qu'ils désirent, sans s'en douter le plus souvent, c'est exclusivement le plaisir intérieur qu'on éprouve à entendre exprimer ses colères ou ses haines propres. Tout parti n'avance que par ses modérés, et cependant *vomit ces tièdes*.

L'homme veut qu'on dise comme lui, car c'est approuver son intelligence; quiconque dit comme lui avec fureur, l'approuve avec excès, mais cet excès n'est pas fait pour déplaire à l'homme, loin de là. Il baptise le plaisir qu'il y trouve et qui n'est qu'un amour effréné de soi, de son jugement, des noms de zèle, de dévouement à sa cause. S'il réfléchissait un peu, il verrait que ces mêmes violences qui le flattent, parce qu'elles sont l'éloge indirect de son esprit, font un effet contraire sur les étrangers ; qu'elles les rebutent, et partant desservent la cause. Il devrait être averti par son plaisir ; il n'y en a pas tant que cela dans le sacrifice et l'abnégation !

VII

Je me résumerai brièvement.

Si vous voulez établir la république par l'insurrection, et la maintenir par la force contre le gré de la majorité, vous n'êtes pas des républicains, à mon avis, vous n'êtes pas même des libéraux, vous êtes des réactionnaires, des aristocrates. Si vous ne voulez plus d'insurrection ni de dictature, hâtez-vous de le dire, de le prouver, de le démontrer. Puis, agissons en conséquence. Tâchons de devenir politiques. Otons-nous de l'esprit que des articles violents ou vifs, des critiques mordantes, des personnalités amères, un air inaltérable de mécontentement, et dans les meilleurs jours, des propositions justes, opportunes, qui ne sont pas soutenues et que rien ne suit, ôtons-nous, dis-je, de l'esprit que tout cela soit de la politique. C'est une science et un art que la politique; on ne fait pas plus de la politique avec ses nerfs qu'on ne fait de la chimie ou de la physique. Étude, réflexion, méthode, possession de soi sont là, comme dans toutes les sciences, dans tous les arts, ingrédients de première nécessité. Laissons là les passionnés, et mettons-nous à la suite des réfléchis. Si nous donnons des primes, que ce ne soit pas à l'intensité de certains sentiments; car la colère, le dédain, si véhéments qu'ils puissent être, ne nous conduiront jamais à rien. Bright et Cobden ne furent point des artistes en invectives, mais des raisonneurs et des tacticiens.

Traçons-nous un plan méthodique d'invasion, de conquête. Marchons pas à pas, avec continuité et constance; attaquons les positions, une à une, dans un ordre étudié, et non point toutes à la fois. Allions-nous avec les libéraux J'ai expliqué ce que je voulais dire, et comment je l'entendais, je le répète en deux mots : réclamer d'abord ce que tous les libéraux réclament comme nous; ajourner ce qui constitue nos désirs particuliers.

En troisième lieu, cessons de faire du *pamphlet* et apprenons à remplacer le pamphlet par l'*agitation*.

Voulez-vous que je sois encore plus bref? — Je propose que nous soyons honnêtes absolument, et *actifs*, autant que possible.

FIN.

TABLE DES MATIÈRES.

FIN DE LA TABLE.

11147 — IMPRIMERIE GÉNÉRALE DE CH. LAHURE
Rue de Fleurus, 9, à Paris

www.ingramcontent.com/pod-product-compliance
Ingram Content Group UK Ltd.
Pitfield, Milton Keynes, MK11 3LW, UK
UKHW021059200726
13857UKWH00003B/1006

9 782011 788818